体育运动中的软组织放松技术

Soft Tissue Release

[英]简·约翰逊（Jane Johnson）著 王雄 韩艺玲 译

人民邮电出版社

北 京

图书在版编目（CIP）数据

体育运动中的软组织放松技术 ／（英）简·约翰逊
（Jane Johnson）著；王雄，韩艺玲译. -- 北京：人民
邮电出版社，2018.5
ISBN 978-7-115-46223-7

Ⅰ．①体… Ⅱ．①简… ②王… ③韩… Ⅲ．①软组织
－放松（体育） Ⅳ．①G808.1

中国版本图书馆CIP数据核字（2017）第325577号

免责声明

本书内容旨在为大众提供有用的信息。所有材料（包括文本、图形和图像）仅供参考，不能替代医疗诊断、建议、治疗或来自专业人士的意见。所有读者在需要医疗或其他专业协助时，均应向专业的医疗保健机构或医生进行咨询。作者和出版商都已尽可能确保本书技术上的准确性以及合理性，并特别声明，不会承担由于使用本出版物中的材料而遭受的任何损伤所直接或间接产生的与个人或团体相关的一切责任、损失或风险。

内 容 提 要

本书介绍了软组织放松技术的适宜人群、工作原理、益处、相关设备以及实施过程中与客户的沟通技巧等基础知识，并解析了被动、主动-辅助和主动三类软组织放松技术的实施步骤和适用情况。与此同时，本书以分步骤图解的方式对躯干、下肢和上肢的 18 个肌肉群的针对性放松方案的进行了讲解，并结合案例对软组织放松方案的制定过程进行了阐释。不论是希望实现自我放松的普通人，还是希望提升自身水平的治疗师，都将从本书中获得益处。

◆ 著　　　[英] 简·约翰逊（Jane Johnson）
　　译　　　王 雄　韩艺玲
　　责任编辑　李 璇
　　执行编辑　刘 蕊
　　责任印制　周昇亮

◆ 人民邮电出版社出版发行　　北京市丰台区成寿寺路 11 号
　　邮编　100164　电子邮件　315@ptpress.com.cn
　　网址　http://www.ptpress.com.cn
　　北京瑞禾彩色印刷有限公司印刷

◆ 开本：700×1000　1/16
　　印张：11　　　　　　　　　2018 年 5 月第 1 版
　　字数：203 千字　　　　　　2018 年 5 月北京第 1 次印刷
　　著作权合同登记号　图字：01-2016-10066 号

定价：88.00 元

读者服务热线：**(010)81055296**　印装质量热线：**(010)81055316**
反盗版热线：**(010)81055315**
广告经营许可证：京东工商广登字 20170147 号

献给我的儿子，
杰克·约翰逊（Jake Johansson），
他的求知精神告诉我要不停地求索，
启发我认识到试验的重要性。

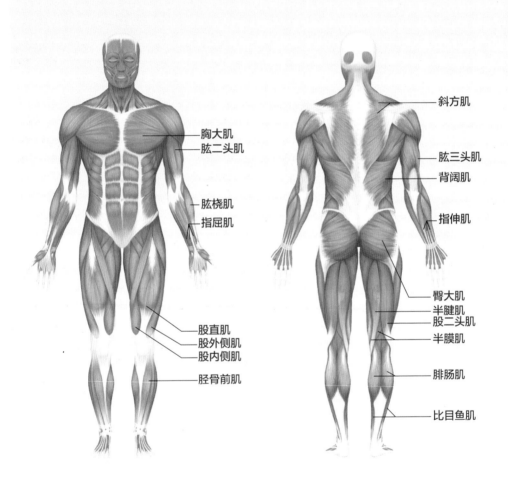

胸大肌
肱二头肌

肱桡肌
指屈肌

股直肌
股外侧肌
股内侧肌
胫骨前肌

斜方肌

肱三头肌
背阔肌

指伸肌

臀大肌
半腱肌
股二头肌
半膜肌

腓肠肌

比目鱼肌

按摩是人类目前还在使用的历史最悠久的治疗方法之一。如今的按摩治疗师和以前的按摩师不同，随着时间的推移和经验的累积，他们的按摩技巧越来越丰富。这些技巧大多是在按摩学校作为学历教育课程进行传授的。我们想要给社会上的按摩治疗师提供一本更适合他们学习的书，用作继续教育的资源，向他们传输各种新的按摩技巧。人体运动出版社基于这个出发点，出版发行了 *Hands-On Guides for Therapists* 系列丛书。

Hands-On Guides for Therapists 系列丛书提供了按摩疗法的治疗和评估工具，这些工具对于其他身体专业工作者（如整骨医生）来说也一样有用。本系列丛书通过循序渐进的逐步指导，教你如何运用按摩技巧。每本书中都采用大量彩色照片展示按摩技巧，"小贴士"能够帮你调整按摩手法；还有大量的"治疗经验"框，举例说明针对客户特殊身体问题的按摩技巧。每本书从头到尾列出了很多问题，这些问题可以用来检验知识和技巧的掌握情况，对于想要通过资格考试的人来说特别有用。同时本书还附有参考答案。

Hands-On Guides for Therapists 系列丛书可供学生学习按摩技能并通过考试，也可供社会按摩师用来复习和提高自己的按摩技巧。对于按摩课程的老师来说，也可以利用本系列丛书将按摩知识以更生动活泼、别开生面的形式传授给学生。本系列丛书将复杂的理论转化成简单明确的实践操作，内容简单易学，是所有对按摩治疗感兴趣的人士的重要学习和研究资源。

本书的读者对象是希望提高现有软组织按摩技巧的所有治疗师。本书的编排方式适合作为一本单独的教材，书中的照片有助于对每个操作进行详尽的解释。对于那些参加软组织放松（STR, Soft Tissue Release）交流或将软组织放松作为一个课程模块的读者来说，本书也是一本不可多得的辅助教材。接受过软组织放松训练的治疗师可能会发现本书是非常有用的参考资料。由于这种形式的拉伸可以身着衣服进行，对于健身教练、体育教练、运动治疗师、理疗师、整骨医生、脊椎按摩师和其他健身工作者来说，本书也会给他们带来更多的启发。

本书的第一部分介绍软组织放松的基本知识，包括按摩技巧的工作原理、谁能从按摩中受益、按摩时的安全注意事项，以及3种软组织放松运用方法的基本描述。第二部分详细介绍了3种运用方法：被动（第3章）、主动－辅助（第4章）和主动（第5章）。其中每一个拉伸动作都配有详细说明和有代表性的照片。第三部分根据人体部位分成若干不同的章节，主要是对每个拉伸动作进行详述和全面图解：第6章包含身体躯干肌肉拉伸，第7章是下肢部位拉伸，第8章是上肢肌肉拉伸。最后，第四部分是关于客户咨询和个性化软组织放松计划设计的综述。

本书可以按3种方式使用。第1种是翻阅第3、4、5章，集中学习3种不同的软组织放松按摩技巧：被动、主动－辅助和主动。第2种是运用软组织放松拉伸身体部位，其中第6章用于学习躯干拉伸，第7章用于学习下肢拉伸，第8章用于学习上肢拉伸。第3种方式为可以选择浏览本书最后的照片索引部分，该部分根据客户的姿势（俯卧、仰卧、侧卧和坐姿）分门别类地给出了按摩缩略图。

你会发现，软组织放松的运用方法多种多样。希望你能够尝试运用所有这些方法，从中找到最适合你的。按摩疗法是一门生机勃勃、不断发展的学科，协作和交流将推动按摩疗法不断进步。

致　谢

在本书编写的过程中，有很多人给予了帮助。首先感谢人体运动出版社的策划编辑约翰·迪金森接纳了我的提议，并帮助形成本书的最终框架；感谢克里斯蒂娜·德鲁斯帮助修改和确定最终文稿；感谢凯瑟琳·莫勒对文字和照片严谨且细致的审校；感谢南希·拉斯马斯完美清晰的平面设计。

同时还要感谢摄影师尼尔·伯恩斯坦和按摩治疗师道格拉斯·纳尔逊（LMT），他们通力合作，捕捉到了多种不同形式软组织放松的精要之处。当然，如果没有4位模特的大力支持，这一点也是无法做到的，这4位模特分别是：劳拉·考格斯、格雷格·亨尼斯、梅琳达·林·罗伯特和帕特里克·穆斯泰因，所有的按摩技巧都是在他们身上实施的。

最后，要感谢我所遇到的和今后将会遇见的许许多多的学生和课程参加者，多年来，他们的热情激发我不断完善软组织放松的技术。

目　录

第三部分　实施软组织放松

第四部分　软组织放松方案

软组织放松入门

欢迎你学习软组织放松技术。在本书的第一部分，你将学习所有关于这项技术的入门知识。在第 1 章中，你将了解软组织放松适合的人群、软组织放松按摩技术的工作原理、可实施的按摩方式及其益处，以及按摩可以改善哪些身体状况。第 2 章内容涉及一些有用的设备、客户沟通的重要性以及简明的安全注意点，并简述了 3 种软组织放松运用方法。这一章还介绍了软组织放松有效性的测量办法，一些常见问题的解答，以及许多错误手法的纠正小贴士，在阅读本书时不断回顾这些小贴士对于正确掌握按摩方法非常有用。每章的结束部分设置了一些小问题，通过回答这些问题可以检验自己对章节知识的掌握程度。

第 1 章

软组织放松简介

软组织放松（STR），是一种广泛用于评估和拉伸软组织的前沿按摩技术。软组织包括肌纤维、肌腱以及包围在肌纤维、肌腱上深层或浅层的筋膜，拉伸软组织一般用于缓解由于肌张力过高导致的疼痛，同时使身体活动更加自如。不过，与普通的拉伸不同，软组织放松专门针对肌肉中肌张力较高的部位进行放松。或者针对某一块活动受限的肌肉（比如腓骨肌、腓侧肌群）进行拉伸，或在日常拉伸时单独针对某一块肌肉（比如股四头肌的股外侧肌）进行拉伸。已证实这种软组织放松方式可用于治疗某一些病症，比如内上髁炎（高尔夫球肘）和外上髁炎（网球肘），以及足底筋膜炎，其作用原理可能是通过刺激软组织，让软组织完成自我修复。

哪些人应进行软组织放松

软组织放松对于任何人来说，都是有益处的。对于以下人群尤其有用：

- 所有参与运动或锻炼的人群。那些经常参与拉伸的人将会受益于软组织放松。在赛事即将来临之际，时间所剩不多时，可以做一些轻快的软组织放松。没有赛事时可以用软组织放松作为评估手段，识别妨碍运动表现发挥的紧张组织。

- 所有肌肉骨骼受伤且正处于恢复期的人。受伤人群的软组织因长期不活动导致肌肉萎缩或肌力下降。只要方法正确，软组织放松可以使紧张的软组织恢复柔韧性。这样可帮助患者重获原有的关节活动度。已经证实，主动拉伸过程有助于受损的组织恢复胶原纤维。

- 任何长时间保持同一姿势的人。比如办公室职员和驾驶员经常长时间坐在椅子上不动，肩颈区域就容易因肌张力过高而产生疼痛感。此类人可以用软组织放松缓解由于长期久坐而出现的肩颈疼痛。

- 任何患有内上髁炎、外上髁炎或足底筋膜炎的人。软组织放松也可以成为胫骨固定和腘绳肌紧张的辅助治疗手段。对胸肌进行软组织放松可以改善驼背问题。

- 任何存在肌张力过高或身上有旧伤的人。这些部位的问题很明显，软组织放松为治疗师提供了一种额外的按摩治疗手段，帮助拉伸和重新修复瘢痕组织。

- 任何身上有扳机点（局部肌纤维按压有痛感，被认为肌肉处于不健康收缩状态）的人。

软组织放松的原理

我们来看看下面几张图。图中展示了当拉力作用于肌肉时，肌肉会发生的变化。一根红色阻力带，一根黑色阻力带，两根阻力带绑在一起，治疗师双手各持一端。红色阻力带弹性非常好，黑色阻力带比较坚韧，弹性较小。其中红色阻力带代表正常健康的肌肉组织，黑色阻力带代表肌张力较高的组织。两条阻力带放在一起，代表一块完整的肌肉。先看图 1.1，当治疗师移动右手时，会发生什么？哪部分肌肉发生了拉伸——柔性（红色）部分还是坚韧（黑色）部分？很明显，柔性部分拉伸程度最大。

再看图 1.2，治疗师左手移动的时候发生了什么变化？哪部分肌肉发生了拉伸——柔性（红色）部分还是坚韧（黑色）部分？同样，柔性部分拉伸程度最大。

最后，再来看看图 1.3，当治疗师左右手同时往两侧等距离移动的时候，会发生什么？

从这些图中可以看出，无论是肌肉哪一端被拉伸，都是肌肉柔性部分（图中的红色阻力带）拉伸度最大。为了拉伸肌肉中较不柔软的部分（肌张力较高的部分），我们需要将拉伸作用力局限于肌张力较高的区域。这正是软组织放松可以做到的事。

为了将拉伸作用力局限于单块肌肉某部位，我们需要在肌肉原有结构上创建一个假的肌肉起止点以"固定"肌肉的某部分。固定（本书中统称为锁定）一般由治疗师用自己的上半身或者借助按摩工具来实现，这种锁定可以阻止肌肉某些部位发生移动。当肌肉被拉伸时，肌肉起止点彼此远离，换句话说，起止点之间的组织被拉伸开来。创建一个假的起止点可以把拉伸的作用力集中在肌肉局部的紧张位置。

图 1.1　注意哪条阻力带被拉伸开

图 1.2　现在又是哪条阻力带被拉伸开

图 1.3　即使是等距离拉伸，仍然是较柔软的阻力带被拉伸开

　　来看图 1.4，这是比目鱼肌图示。我们知道比目鱼肌起于胫骨后端，止于跟骨后侧。抬起脚趾（脚和踝关节背屈），会拉伸小腿肌群（小腿肌群是足底屈肌），因此，做足背屈是全面拉伸比目鱼肌的一种方式。

　　现在看图 1.5，想象一下，在稍远于肌肉真实起点的胫骨处（A 点锁定）将整条肌肉横向完全锁定，这时如果脚和踝关节做背屈，是不是只有新起点（A 处）以下到跟骨位置的肌肉会有拉伸感？如果我们此时做同样幅度的背屈动作，是不是拉伸力更集中于锁定位置以下的肌纤维？这是因为在锁定点 A 之上的那一小段肌肉此时已经没有被拉伸了。

　　现在再看图 1.6，想象在离胫骨更远的位置（B 点锁定）有一个肌肉起点，将肌肉稳固锁定在底层结构上。现在让脚做踝关节背屈，作用在跟骨端肌肉的拉伸力是不是很显然要比 A 点锁定时还要更大一些。

　　最后，还可以在离胫骨端实际肌肉起点更远处（C 点锁定）锁定肌肉（图1.7）。此时让脚做踝关节背屈动作时，整块比目鱼肌只有距离胫骨最远端的那一小段肌肉被拉伸。

　　事实上，完全横向锁定肌肉不太实际，我们也不建议这么做，不过，这正是软组织放松发挥其独特作用的原理所在。

图 1.4　比目鱼肌

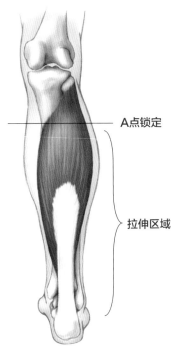

A点锁定

拉伸区域

图 1.5　在比实际起点较远的位置锁定比目鱼肌（A 点锁定）

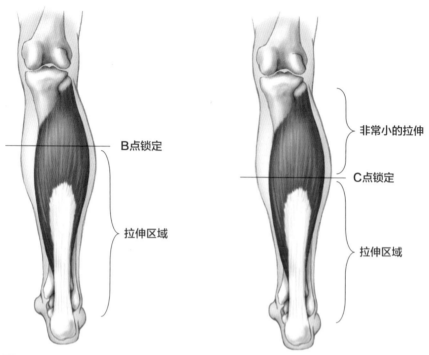

图 1.6 在远离起点的胫骨上锁定比目鱼肌（B 点锁定）

图 1.7 在更加远离起点的胫骨上锁定比目鱼肌（C 点锁定）

　　相对于横向完全锁定整块肌肉，还有另外一种锁定办法。以图 1.8 中的肱二头肌为例。每次伸肘时，每一个锁定点后面的肌纤维都承受更强的作用力。为了理解这种特殊的拉伸概念，可以把肌肉纤维想象成吉他的琴弦。

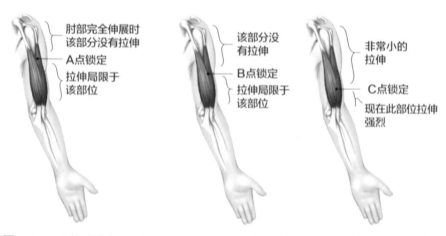

图 1.8 运用特殊锁定时，每次伸展肘部，每一个锁定点以下区域的肌纤维都承受更大的拉伸力

把手指放在所有琴弦上，类似于之前的比目鱼肌例子，用手指覆盖所有琴弦和把手指放在一根琴弦上相比是明显不同的，就好比用肘部去锁定肱二头肌。开始时，在所有琴弦上都施加同样的作用力非常困难，你可以用手指的指尖和指腹放在一根琴弦上。此时只有这一根琴弦受到外力作用，并且这种作用力比较大。如果你用多根手指，按压所有琴弦，此时所有琴弦都受到外力作用。不过，此时这种作用力相较而言，就不会有那么大。

适合软组织放松的区域

软组织放松在任何地方都可以做，进行软组织放松可以身着轻薄衣服或披上毛巾，姿势可以是仰卧位、俯卧位或坐姿。

- **办公室**。办公室工作人员在电脑或其他办公设备前工作时，可以对腕关节和手指伸屈肌做主动软组织放松，放松效果非常好。
- **坐着**。坐着的时候可以用锥形球或足底按摩筒对足底做软组织放松，还可以对腘绳肌做主动软组织放松。让患者以坐姿对其肩胛提肌和上斜方肌进行软组织放松，对于治疗师来说非常方便。
- **公园**。可以在公园里，或者跑道旁边，对腘绳肌和胫骨前肌做软组织放松。
- **网球场**。比赛结束后，对手腕和指伸肌做软组织放松可以暂时缓解外上髁炎（网球肘）带来的不适感。
- **高尔夫球场**。软组织放松可以暂时缓解内上髁炎（高尔夫球肘）带来的不适感。
- **游泳池旁**。治疗师可以用毛巾让客户保持体温并对身上所有主要肌肉群做软组织放松。
- **诊疗室**。软组织放松可以作为住院按摩治疗的一部分，或者可以作为一个独立完整的治疗单元。对于敏感部位（如对髂肌做软组织放松），通过交谈转移患者的注意力非常关键，因为软组织放松要求按摩对象的身体和精神都非常放松，这样才能让按摩达到最佳效果。
- **在家**。任何人都可以用简单的辅助工具轻轻锁定软组织，在家里进行身体拉伸。

何时进行软组织放松

软组织放松可以在治疗前后或治疗过程中做，软组织放松本身也是一种治疗过程。在温度较高的情况下软组织更有弹性，如果身体组织温度较高，大多数拉伸动作的效果都会更好 。不过，即使在身体温度较低时对组织做软组织放松，也同样可以增加组织的关节活动度。软组织放松是一种极其安全的身体拉伸方式，只要动作缓慢可控，就不会对身体造成任何伤害。

拉伸会降低肌张力，因此在赛前进行拉伸应谨慎。一般的拉伸可以增加关节活动度，只需注意不要过度拉伸肌肉。在赛事即将开始前，利用软组织放松肌张力高或局部痉挛的软组织，对比赛水平的发挥非常有帮助。

在赛前热身阶段做软组织放松时，应注意拉伸幅度不要太大。过度拉伸容易导致软组织微创伤，因此，保守使用软组织放松的方法是将它作为评估工具，较深层的拉伸可以作为按摩保养的一部分。剧烈运动或训练后，由于体内缓解肌肉酸痛的激素水平增加，因此，客户对压力的感觉不敏感，对于按摩师力道无法给出准确反馈，同样容易受伤。无论是赛前还是赛后通过做软组织放松来克服软组织收缩或维持肌肉长度时，更应该把它作为其他治疗的辅助治疗方式。用在训练项目中或作为身体康复训练的一部分时，可以采用一种更深层次、强度更大的拉伸形式。

总之，无论出于何种理由，只要是用得上的地方，就可以用软组织放松。理由很简单，可以是客户喜欢做软组织放松的感觉，也可以是治疗师发现客户身上有肌张力较高的组织需要按摩。一般同一个客户没有必要每天都做软组织放松，除非这名客户正在为即将来临的赛事做准备或处于赛事进行期间。对同一块肌肉，每周做一次软组织放松肯定是可以的，每周做 2 ~ 3 次也未尝不可。根据自己身体的感觉来判定拉伸部位是否被过度拉伸。在一个疗程中一般对一块肌肉进行 2 ~ 3 次拉伸可以显著提高这块肌肉的柔韧性。

软组织放松的益处

进行软组织放松的原因多种多样，最常见的原因在于它可以拉伸软组织。软组织放松可以改善组织的柔韧性和身体姿势、缓解肌张力过高导致的疼痛、降低关节压力。它有助于维持和增加关节活动度，治疗师结合富有经验的触诊手法，可以评估软组织的紧张程度。很多客户很享受做软组织放松的过程，乐于把软组织放松加到常规的按摩中。软组织放松也给治疗师的常规按摩增加了多样性。当客户需要拉伸肌肉但自己的关节无法完成全范围的活动时，便是软组织放松发挥作用的时候。例如，患者膝盖动了手术之后，鼓励他做膝关节屈曲和伸展来维持膝关节和周围软组织的灵活性。人们相信运动可以加快身体外伤的恢复速度，但也经常因为疼痛或肿胀问题导致活动受限。术后选择恰当的时机进行软组织放松，可以在关节不完全打开时对软组织进行拉伸。比如，可以在患者只能屈膝 90° 的时候对腘绳肌进行软组织放松。在康复过程中，用软组织放松来小范围提高关节活动度，对于促进康复的效果尤其突出。

治疗经验

　　我曾经通过软组织放松来帮助整条腿都打了石膏的客户拉伸股四头肌，由于这名客户膝盖的关节囊很紧，最初他的膝关节无法完成全范围的屈曲。我们小心翼翼地开始，通过获得很小的关节活动度结合软组织放松和按摩来刺激股四头肌。用力把他的腿放低，因为他的股四头肌没有力气，我不得不抓住客户的腿进行伸展。我发现对股四头肌进行被动的软组织放松对于治疗师来说是一项高强度的运动，对股四头肌做被动的软组织放松时，我不得不拼尽全力，同时还要注意不要拉伤自己的背部。

结束语

　　我们已经知道软组织放松主要针对肌肉中张力较高的部位进行放松。它的作用是拉伸软组织，包括肌纤维、肌腱和筋膜。对于绝大多数人来说，软组织放松是安全和有效的。

　　现在，我们对软组织放松的概念、作用与原理、适宜人群、实施位置和时间都有基本的了解。接下来，我们将学习各种锁定肌肉的方法以及结合工具进行按摩的方法。此外，我们还会学到很多有效的软组织放松手法以及评估手法有效性的技巧。

小问题

1. 软组织放松与一般的拉伸有什么不同？
2. 举3个肌肉锁定的方法。
3. 锁定肌肉的时候，应该从肌肉近端还是远端开始锁定？
4. 为什么软组织放松在赛前要谨慎使用？
5. 为什么赛事后要避免进行深层的软组织放松？

第 2 章

软组织放松准备

本章我们将学习软组织放松的基础知识，包括各种软组织锁定方法以及这些方法的优缺点；按摩工具的种类；可能存在的安全注意事项；以及3种软组织放松方式的综述，具体为被动、主动-辅助和主动软组织放松。本章最后，有常见问题及问题排除技巧，还有一部分是针对治疗有效性的评价。你即将开启多种拉伸技巧所需的所有知识的学习之旅。

需要的设备

实施软组织放松完全可以不采用任何设备，治疗师用自己的上肢即可锁定客户肌肉。不过有时候，可能还是需要借助工具来帮助客户锁定肌肉。

用自己的身体做软组织放松

你的上半身为软组织放松提供很多选择。治疗师可以用自己的前臂锁定客户的肌肉，肘关节也可以提供局部锁定；以此类推，上肢每一个部位都有其各自不同的用处。治疗师可能由于前臂的过度使用而导致受伤。只要你能够按照本书的建议使用自己的前臂、拳头和肘部，此类问题应该可以轻松避免。

前臂　前臂可用来锁定体积较大的块状肌肉，比如腘绳肌、小腿肌群和臀肌。前臂可以提供强有力、大范围的锁定，适用于需要全面拉伸和不能忍受局部锁定的客户。这种锁定的操作方式非常简单，并且还可以根据不同拉伸部位的灵活性来调整与客户皮肤的接触面积，用前臂锁定腘绳肌时接触面积较大，而锁定小腿肌群时锁

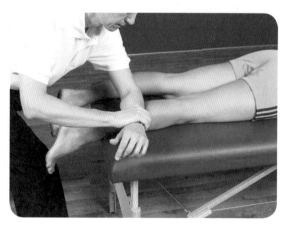

用前臂锁定小腿肌群

定面积相对较小。尽管治疗师用前臂锁定可以产生明显的杠杆作用且更加安全，不过，还是有一些治疗师不愿意用前臂来锁定客户肌肉，他们认为只有用手掌才能评估和感知客户身体的软组织。为了降低过度使用而导致损伤的可能性，用前臂进行软组放松值得我们练习。用前臂锁定肌肉的缺点在于，其锁定范围比用肘关节锁定的范围针对性差，并且前臂不适合用于锁定小肌肉群。

肘部　肘部可以提供很深且牢固的压力来锁定肌肉，使拉伸作用仅局限于肌张力较高的部分。肘部适合锁定体积较大的块状肌肉，尤其适合需要主动拉伸的肌肉或者肌张力较高的客户，这种张力较高的肌肉可能是由瘢痕组织导致。肘部还适合锁定束状肌肉，比如肩胛提肌，或者由于位置比较特殊而无法用前臂锁定的肌肉，如胫骨前肌和腓骨肌。利用肘部锁定时，将肘部自然放置在客户身上即可，不需要你额外用力。只要稍加练习，你可以很容易地感知用肘部锁定肩胛提肌和斜方肌上束的肌纤维。

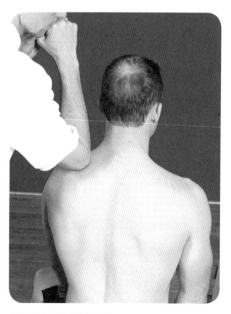

用肘部锁定肩胛提肌

松拳 有时候需要宽泛锁定肌肉，但是肌肉所处位置没有足够的空间供治疗师用前臂或手掌实施锁定。此时，可以手握松拳，放在肌肉上，如胸肌。也可以用指关节肚，不过由于胸肌非常强壮，需要用比较大的力气才能牢固锁住，用指关节肚容易让手指插入肋间隙导致客户不适。

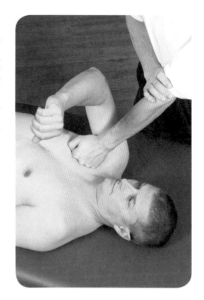

用松拳锁定胸肌

单拳 用单拳锁定肌肉的特点在于，锁定范围比前臂锁定窄，比肘部锁定宽。单拳特别适合用来锁定面积较小的肌肉，如菱形肌，也适用于第一次对客户的腘绳肌进行按压式的肌肉锁定，帮助评估客户腘绳肌的肌肉张力。

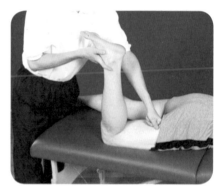

用单拳按压腘绳肌

手掌 用手掌锁定肌肉的接触面比较大，对治疗师腕关节有一定的压力，因此使用手掌锁定肌肉时要小心。因为手掌作用不会很深，因此适合用于浅层肌肉的锁定，在赛前或赛后的软组织放松中非常有用。

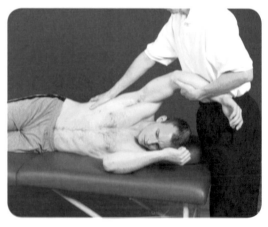

用手掌锁定背阔肌

抓握　有时候，简单地用手握住肌肉也是一种肌肉锁定方式。对于比较小且不需要太大拉伸力度的肱二头肌和肱三头肌来说，抓握锁定的效果是最好的。为了避免抓握时拧伤肌肉，可以在手上抹一些润滑油，或者在锁定部位垫一块洗脸巾或小毛巾。

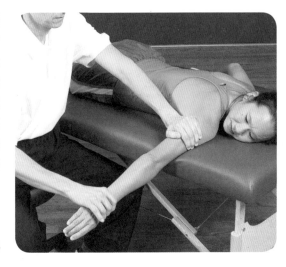

抓握锁定肱三头肌

双手拇指固定　双手拇指可以用来锁定特定的肌肉部位，通常是不需要太大力气就能锁定的小块肌肉。用双手拇指在手腕附近锁定腕伸肌和腕屈肌的效果是很好的，如果发现用双手拇指锁定时需要你不断加大力度，则应该马上改变锁定方式。尝试用前臂或肘部轻轻锁定，而不要冒着损坏指关节的风险继续使用拇指。改变锁定方式后，可能需要让客户的姿势改为坐姿。

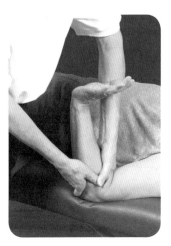

用双手拇指锁定腕伸肌

单手拇指　使用单个大拇指需谨慎，仅在需要的锁定力较小时使用。做按摩治疗时过度使用大拇指，是导致治疗师受伤的常见原因。因此，治疗师应尽可能采用其他锁定方式。

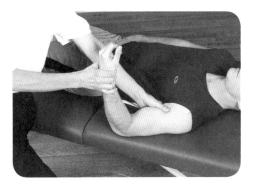

用单手拇指锁定肱二头肌

手指　手指适合锁定敏感软组织，如斜角肌，锁定这种组织只需很小的力道。对髂肌做软组织放松时也可以采用手指锁定的方式，还可以将手指叠加起来增强锁定效果。

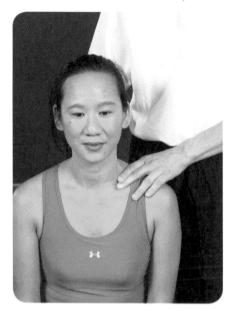

用手指锁定斜角肌

指关节　指关节可用来锁定竖脊肌，或者代替大拇指锁定其他肌肉。用指关节做软组织放松时，指关节一定要保持绷直，关节以外的手指组织不接触客户，也不要在客户身上挪动指关节，这么做会导致治疗师的指关节受伤。

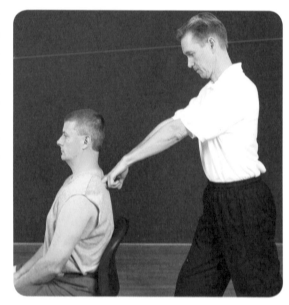

用指关节锁定竖脊肌

用工具做软组织放松

在运用各种疗法为客户服务时，治疗师要注意保护自己的身体不要受伤。幸运的是，只要遵守一定的指导方针，就可以安全且有效地实施软组织放松。同时，治疗师还可以利用各种各样的工具来帮助自己实施软组织放松。下图展示了一系列用于按摩的辅助工具，其中一些是临时选用作为软组织放松的辅助工具。

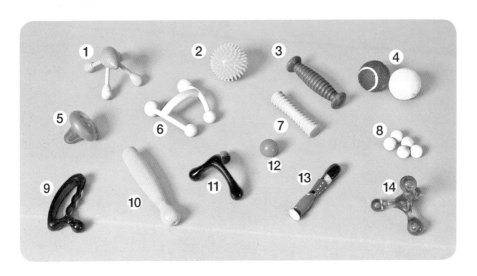

1. 木"老鼠"
2. 带刺的塑料治疗球
3. 木制足底按摩筒
4. 宠物商店的网球状小球
5. 带突起的按摩器
6. 硬质塑料四角按摩器
7. 木制足底按摩筒（凹形），也可用来按摩前臂
8. 五金店的木制小球
9. 凸点节瘤按摩器
10. 旧货商店的儿童游戏木制小柱
11. 硬质塑料按摩器
12. 玩具店的塑料高弹球（软）
13. 木制儿童士兵玩具
14. 塑料四角按摩器

右图展示的是用凸点节瘤按摩器按摩脚掌。凸点节瘤按摩器用来按摩那些需要进行深层或局部按压的部位效果很好，这个按摩工具也是代替拇指锁定肌肉的不错选择。

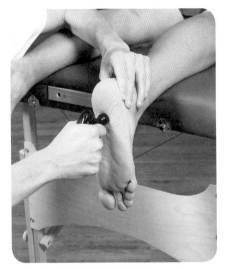

用凸点节瘤按摩器锁定脚掌

带刺的治疗球可以让客户在坐姿下对脚掌实施主动软组织放松。硬质四角按摩器可以用来按摩股四头肌，还可以代替指关节锁定竖脊肌。

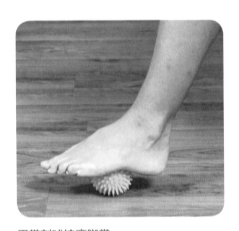

用带刺球按摩脚掌

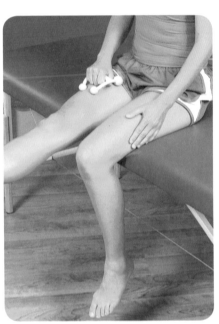

用四角按摩器按摩股四头肌

网球状小球实际上是小狗的玩具，这种球比常规的网球更不容易变形。如图所示，网球状小球是腘绳肌和股四头肌进行主动软组织放松的工具。

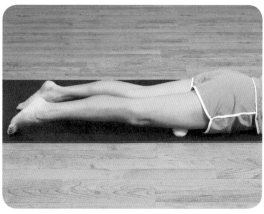

用网球状小球放松腘绳肌　　　　**用网球状小球放松股四头肌**

其他有用的工具还包括洗脸巾和小毛巾以及按摩油。可以隔着衣服实施软组织放松，不过为了牢牢锁定肌肉，最好去除衣物，在客户的皮肤表面抹上按摩油并盖上一块洗脸巾或小毛巾，然后再进行软组织放松。

客户沟通

与所有治疗方式一样，按摩治疗也应该对第一次前来就诊的客户展开咨询，通过询问发现客户身体问题的性质，并了解客户预期的治疗效果。详细记录客户的病史及正在服用的所有药物，明确是否有任何药物是自己治疗计划当中的禁忌。然后针对需要治疗的身体问题，具体评估客户当前的身体状况。比如，由于先前的脚踝扭伤导致踝关节活动受限的客户，需要检查他/她的踝关节活动度；颈部疼痛的办公室工作人员，需要评估其坐姿（完全不用管踝关节）。沟通结束时，治疗师应确定治疗目标（如缓解疼痛、增加关节活动度、减少运动后引起的肌肉酸痛）。如果条件允许，将治疗目标以书面的形式呈现出来，并让客户过目，确认客户对你的治疗目标没有任何疑义。第9章将详细介绍与客户沟通的一般规则，并推荐与客户沟通时的提问方式和身体评估表还有与之相关的记录文件。

安全注意事项

对于绝大多数客户而言，软组织放松是一种安全且有效的辅助拉伸方式。

判断一名客户是否适合或接受软组织放松的方法很简单：如果客户不能接受常规的按摩、健身或拉伸，那这名客户也不会接受软组织放松。

因为软组织放松需要对客户的软组织施加轻微压力，对那些皮肤容易擦伤或者皮肤较薄的客户进行软组织放松时要特别小心。为关节活动度过高的客户（比如，经常见到职业舞者的关节活动度增加）提供按摩治疗时，一定要考虑清楚是否要对客户的软组织进行拉伸以增加关节活动度。软组织放松不适合于关节活动度过高的人群，因为这么做极有可能导致该类人软组织的延展性被过度拉伸。

大多数客户的肌肉第一次被锁定时一般都感觉不到拉伸感。只有在锁定肌肉末端进行拉伸时才能感受到强烈的拉伸感。如果刚好锁定在扳机点处，客户可能会感觉不太舒服。这种不适感可能是"还可以忍受"或是"疼，但是感觉还挺受用"。如果你是一名按摩治疗师，对这类反馈你应该习以为常。不过，如果客户表示确实非常不舒服的话，你应该立刻停止软组织放松。这可能是由于被拉伸的部位有未触诊出来的炎症。有一条简单的准则可以判断按摩时的锁定是否适宜：如果锁定后，局部张力感在几分钟之内逐渐消失，则表示可以放心大胆拉伸该部位的软组织。如果张力感没有如期消失，则应该立刻放手。这种张力感与旧伤区域的张力感明显不同，旧伤区域的软组织张力较高，缺乏弹性，但不会有不舒服的感觉。

虽然并不常见，但确实有一些客户反馈：软组织放松和其他形式的拉伸一样，做完后浑身酸痛。这种酸痛应该是延迟性肌肉酸痛（DOMS）。为了避免出现延迟性肌肉酸痛，应注意不要过度拉伸任何局部组织，按摩手法应尽量配合按摩油一起治疗。理论上，实施软组织放松有助于新鲜血液流入身体组织的间隙，改善肌肉的血液循环。有些治疗师喜欢提醒客户：极少数情况下软组织放松会引起身体酸痛，并且酸痛感会在 12 小时之内消失。然而，还有一些治疗师认为这么做非常不明智，这就好比一个自我应验式的预言，会增加客户体验到这种酸痛感的可能性。

赛前和赛后不能做深层软组织放松。赛前做深层软组织放松可能会削弱肌肉力量。赛前进行软组织放松的目的是使客户的身体兴奋并维持关节活动度，但应该采用比较柔和的节拍进行。由于比赛时可能会发生组织微创，赛后进行软组织放松会使组织损伤的可能性增加。因此无论赛前还是赛后，都不应该做深层软组织放松。赛后软组织放松一般可以用来缓解身体的肌张力。

治疗师无论做哪种形式的治疗，包括软组织放松，都应该尽量避免使用自己的上肢主动发力，而应该尽可能地将身体重量通过前臂和肘部转移到客户身上，借助身体重力，或者采用按摩工具代替大拇指。留着拇指和手指在更小、更柔软的组织上做更精细的按摩动作。还可以把治疗床从现在的高度放矮 1 ~ 2 英寸（2.54 ~ 5.08 厘米），将身体倾斜向客户，让身体重量转移到被按摩的组织上。很多治疗师采取倾斜身体的姿势，但又害怕伤到客户，往往不把身体重量倚靠到客户身上，而是自己用力维持这种倾斜姿势。这是没有必要的。在开始进行治疗之前，治疗师脑海里要有一个正确认识：轻柔地将身体倾斜到客户身上，可以牢固地锁定客户的肌肉，经过认真细致的练习，熟练掌握各种软组织放松技巧，并将其付诸实践之后，渐渐地你会发现软组织放松是一种安全且有效的拉伸软组织的强大工具。

软组织放松的 3 种方式

软组织放松分为以下 3 种方式：被动、主动 - 辅助和主动软组织放松（参见下一页的示例）。

1. 被动软组织放松。被动软组织放松是指由治疗师锁定并移动客户身体以实施拉伸。
2. 主动 - 辅助软组织放松。这种软组织放松方式要求客户和治疗师共同参与。通常治疗师负责锁定身体组织，客户移动局部身体完成拉伸。
3. 主动软组织放松。主动软组织放松，是指客户在没有任何外界辅助的情况下，由自己锁定肌肉并拉伸身体。几乎任何人都可以做主动软组织放松，做主动软组织放松时不需要治疗师在场。

本书涉及不少常见解剖学术语。除非客户自身是治疗师或者专业健身人员，否则客户对于这些术语可能不是非常理解。因此，在做主动软组织放松时，治疗师需要尝试用不包含专业术语的语言向客户解释清楚拉伸动作。比如，如果你要求客户做脚内翻或外翻、手腕的屈曲或伸展等动作，大多数客户可能都无法领会你的意思。有一个小窍门可以解决这一难题，就是在锁定前做一个动作示范。比如说，你需要客户做手腕"上"或"下"的动作，那么你就亲身演示一下这个动作。还有一个小诀窍就是，应注意避免在同一个疗程中，混合使用几种不同的软组织放松方式。如果疗程开始时，你用的是主动 - 辅助软组织放松，客户可能会以为治疗时自己始终需要主动参与，那么，当你想做被动软组织放松的时候，客户会习惯性地用力，不能及时放松身体。不过，也有很多客户能够非常快速地习惯和熟悉各种软组织放松的流程，慢慢地表现出自己的倾向，是喜欢参与到软组织放松中（做主动 - 辅助软组织放松）还是更喜欢被动接受按摩。

以腕屈肌为例对比 3 种软组织放松方式

被动软组织放松 治疗师让客户的手腕屈曲，锁定腕屈肌的起点，然后伸展客户腕关节。

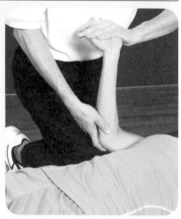

主动－辅助软组织放松 治疗师锁定客户腕屈肌的起点，要求客户主动伸展腕关节。

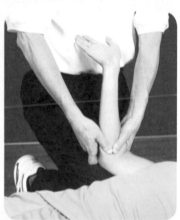

主动软组织放松 客户自己锁定腕屈肌的起点，然后伸展腕关节。

衡量软组织放松的有效性

设定衡量标准非常重要，设定的标准可以用来衡量治疗是否有效。对于软组织放松治疗来说，也需要设定一个有效的衡量标准。下面给出衡量软组织放松有效性的几个方法。

- 疼痛。如果软组织放松是用来缓解由于肌肉张力过高而导致的不适，衡量其有效性最简单的方法就是看客户的反应。无论治疗前是否有剧烈的疼痛、牵拉痛、压痛或隐痛，治疗后大多数客户的症状一般都会好转。大多数治疗师也都习惯于在治疗结束后询问客户感受。

- 视觉模拟疼痛量表（Visual analogue scale，VAS）。这个量表很简单，就是一条两端写有文字的水平线。水平线一端可以写"没有不适感"，另一端写"前所未有的严重不适！"，要求客户在治疗前和治疗后根据自己所感觉的疼痛感，在线上标记疼痛程度（具体可以参考 140 页的图 9.4 和 141 页的图 9.8 展示的视觉模拟视觉模拟疼痛量表实例）。视觉模拟疼痛量表适合用来衡量客户对于疼痛或肌肉张力的主观描述。

- 动作测试。如果软组织放松是用来帮助增加关节活动度，则可以通过动作测试治疗效果，比如直腿抬高动作（拉伸腘绳肌）。在对腘绳肌做软组织放松之前和之后都可以通过直腿抬高的活动度来进行测试，测试髋关节活动度在治疗后有没有增大。有一个很简单的方法可以检测腘绳肌柔韧性，那就是俯卧屈膝：要求客户俯卧并屈膝，观察客户的脚距离身体同侧臀部的距离。对腘绳肌进行软组织放松治疗之后，这个距离应该会比治疗前更短（注意避免过度弯腰，干扰测试结果）。

- 坐位体前屈测试。还有一个简单的测试方法可以衡量腘绳肌主动软组织放松效果。在按摩前，要求客户坐位体前屈并触摸脚趾，观察手指距离脚趾的距离，并询问客户此时腘绳肌的感觉。对腘绳肌做 5 ~ 7 分钟软组织放松之后，再次测试。此时手指距离脚的距离是不是更短了，腘绳肌是不是更放松？是不是没那么紧了？（这个动作也可以用来测试背部肌肉的柔韧性，但如果客户最近有腰椎外伤尽量不要使用。）

常见问题和故障排除技巧

1. 拉伸结束后，还应该锁定多久？

完成组织拉伸后应立即松开锁定。

2. 锁定的力度控制在多大比较合适?

力度恰好能够锁住肌肉即可。如果锁定方式让客户或者治疗师有不适感,可参阅下一页的故障排除技巧。

3. 是否应该鼓励客户忍住疼痛继续拉伸?

万万不可。软组织放松应该是舒服的。客户应该只有轻微的拉伸感,不过具体的感觉随不同的肌肉而不同。

4. 对同一块肌肉应该做几次软组织放松?

也许你会发现,对于大块肌肉,比如腘绳肌,需要沿肌肉起止点,从肌肉近端到肌肉远端逐步拉伸,才能让整块肌肉得到充分拉伸。像这样沿肌肉边缘拉伸 3 次之后,治疗师和客户一般都能够感觉到这部分组织已经被拉伸开。总的说来,应该避免过度拉伸同一个肌肉群。有时候你可以在对一块肌肉做了 2 ~ 3 次软组织放松以后,移到下一个身体部位进行拉伸,然后再回到上一个软组织放松位置,确认客户和治疗师都认为这部分组织已经被拉伸开。

如果看完整本书,还是无法顺利完成软组织放松,可以尝试以下办法:

- 如果感觉抓不住软组织,可以改变锁定方式。是否已经尝试过用手掌的掌心、前臂、肘部或指关节锁定,还是无法成功锁定肌肉?可以换一种方法,在拉伸部位抹油,然后盖一条毛巾。隔着吸了油的毛巾可以牢牢地锁定肌肉。

- 如果客户说锁定的部位不舒服,你可以试着降低力度。或隔着衣服也可以垫块毛巾来分散肌肉受到的压力。另外,要注意确认自己锁定的不是骨骼。第一次给菱形肌做软组织放松时容易犯这类错误:插入肩胛骨的内侧缘。锁定胸肌时,不能垂直插入肋骨。还要检查自己有没有握到神经丛上,客户的神经丛受到外力作用时会有刺麻感。同时还要检查自己拉伸肌肉是否用力过度。

- 如果客户反应没有拉伸感,则试着加大力道。具体方法包括用肘部或前臂锁定客户肌肉,同时向客户身体一侧倾斜。或者,拉伸前确认松弛的软组织中部是否在拉伸力作用范围之外。检查拉伸力的方向是否朝向肢体近端。有很多客户做被动软组织放松的拉伸感和拉伸效果都不明显。如果是这样,应尝试主动软组织放松,看看效果会怎样。

- 用手指、手掌或拇指锁定肌肉时如果发现手不舒服,可以借助按摩工具。无论何时,始终要记得保护自己的关节。如果采用了按摩工具之后依然感觉不舒服。则应该暂停做软组织放松。

- 如果做软组织放松找不到合适的姿势，可以试着改变接触客户身体的方式，升高或降低治疗床高度，也可以调整客户在治疗床或椅子上的姿势。
- 如果已经尝试了各种方法对某块肌肉进行软组织放松，仍然无法顺利完成，就不要用这种软组织放松方式。

结束语

本章讲述了各种不同锁定方式的优缺点，何时使用按摩工具，以及按摩工具的使用方法。并介绍了使用软组织放松的常见问题、故障排除技巧、安全事项、有效性衡量等基础知识。现在，你应该可以开始 3 种软组织放松的实践方式了。

小问题

1. 举一个可以用手掌锁定软组织的例子。
2. 说出 3 种适合做软组织放松的客户群。
3. 列出 3 种软组织放松的方式。
4. 在拉伸结束后锁定应该保持多长时间？
5. 列出衡量软组织放松有效性的 3 种方法？

软组织放松技术

本书第二部分主要介绍如何实施3种软组织放松方式：被动、主动-辅助和主动软组织放松。第二部分中的三章，每章结构都一样：首先是实施软组织放松的7个步骤，然后用大量不同肌肉的软组织放松为例，讲述关键锁定、锁定点移动和站位姿势。本部分提供了3种软组织放松的简要说明，以及各自对应一张有代表性的照片，上面列出了指向第6～8章中完整描述的页码。为了很好地理解各种软组织放松在运用中的差异，可以在第3、4和5章之间前后翻阅，对比三张总体图。如你所知，做软组织放松时一定要保证自己和客户的安全，因此每章都列出各种软组织放松的安全操作指南。

实施软组织放松时，记住有一些肌肉通常是不可以缩短的。因为，一旦客户的这些肌肉处于缩短的状态，就难以实施软组织放松。下一页表格中列出了通常可以缩短和不可以缩短的肌肉。

每章最后的表格列出了每种具体技术的适用范围。这些表格都是非穷举列表，你可以联系实践，往表中加入其他适用情形。通过阅读这几个章节，基本上可以比较清楚地理解3种软组织放松的差异。然后就可以按照第6～8章的介绍开始对不同的身体部位实施软组织放松了。

软组织放松中缩短的肌肉

身体部位	肌肉
通常可以缩短的肌肉	
躯干	菱形肌 胸肌
下肢	腘绳肌 髂肌 股四头肌 胫骨前肌 腓骨肌
上肢	肱二头肌 肱三头肌 腕伸肌 腕屈肌
通常不可以缩短的肌肉	
躯干	斜方肌上束 斜角肌 肩胛提肌 竖脊肌
下肢	足底筋膜 小腿肌群 臀肌

第 3 章

被动软组织放松

本章将介绍实施被动软组织放松的 7 个简单步骤，并简要描述应用于 8 种不同肌肉的关键锁定、锁定点移动和站位姿势，同时提供安全操作指南，以及被动软组织放松适用情况图表。学习本章知识，并回答章末的小问题，就可以较好地掌握被动软组织放松实施技术。

被动软组织放松入门

被动软组织放松是一种非常好的放松方式，隔着衣服可以作为一个独立的治疗单元，也可以将其整合到整体按摩方案中。实施这种形式的软组织放松时，由治疗师缩短、锁定及拉伸肌肉。整个过程客户始终处于被动，但是客户应及时反馈拉伸强度。

如何实施被动软组织放松

被动软组织放松的实施可以参照以下步骤：

1. 找到需要拉伸的肌肉以及肌肉纤维走向。

2. 确保肌肉处于自然姿势。自然姿势是指肌肉既没有过度缩短也没有过度拉伸。通常需要治疗师被动缩短肌肉（足底筋膜和小腿肌群除外）。有些肌肉在缩短时在运动后发生痉挛的概率更高，尤其是腘绳肌。因此，有时候我们可以让精油按摩和软组织放松结合使用，在肌肉缩短之前先用精油按摩肌肉，降低肌肉缩短时发生痉挛的可能性，这是一个不错的办法。

3. 向客户解释清楚拉伸步骤。告诉客户你就要为他做拉伸了，他只需要保持身体放松即可。特别是即将拉伸的肌肉一定要保持放松。遇到身体紧绷，不能立刻放松的客户，可以要求他轻轻地甩手，晃动双腿，帮助肌肉放松。

4. 肌肉处于自然姿势时，轻轻地锁定肌肉纤维（参见第 2 章介绍的各种锁定方法）。从距离肌肉起点较近的近端开始。

小贴士   肌肉起点一般靠近身体中轴线且极少移动。肌肉收缩时，一般是止点向起点靠近。

5. 保持肌肉锁定，同时拉伸肌肉。这意味着治疗师需要移动部分身体使客户的肌肉从缩短变拉长。比方说，如果屈曲关节可以缩短某一块肌肉，那么伸展关节，就可以拉长该肌肉。

6. 一旦肌肉被拉伸，松开锁定时，肌肉立刻回到自然状态。

7. 选择另一个肌肉锁定点，不断由肌肉近端向远端移动锁定点，重复第 4 ~ 6步，直到锁定点接近远端肌腱。一般的拉伸，前后两个锁定的距离 3 ~ 4cm。拉伸某段特定的肌肉时，前后两个锁定点的距离可以不超过 1cm。

随时观察客户的反应。有些客户没有拉伸感，只觉得肌肉被锁定。如果你的拉伸操作正确，随着锁定点不断向肌肉远端移动，客户的拉伸感应该越来越强烈。如果客户告知被拉伸的区域很疼，应立刻停止拉伸。

一定要由近至远锁定并拉伸肌肉，因为拉伸强度是逐渐加大的。如果你从远端开始，那么起初的拉力就会很大。由近及远的拉伸方式适用于大多数肌肉，不过，拉伸菱形肌和胸大肌的时候，这一原则不一定适用，因为这些肌肉很小，由近及远地移动锁定点肯定比较困难。

精油按摩和软组织放松相结合

你会发现精油按摩和软组织放松相结合会比较容易。在拉伸部位抹上精油，并放置一块毛巾，然后隔着毛巾锁定待拉伸的部位并对其进行拉伸。记住，隔着衣服与直接在裸露的皮肤上锁定肌肉相比，这种锁定肌肉的方式更加牢固。事实上，不仅如此，这种锁定肌肉的操作也更加方便。做完 1 次软组织放松后，拿开毛巾，继续按摩该部位。如果像这样（也就是按摩、软组织放松；按摩、软组织放松；按摩、软组织放松）重复 3 次，做第 3 次软组织放松时，你会发现客户感受到的拉伸感会下降（同时你也会发现肌肉更加顺应你的动作，也更容易锁定和拉伸），这是因为经过你前两次的软组织放松，软组织已经被拉长了。

被动软组织放松的关键锁定、
锁定点移动和站位姿势

下面以插图的形式讲解 8 个身体部位被动软组织放松的实施办法，8 个身体部位具体指小腿肌群，腘绳肌，菱形肌，肱三头肌，肱二头肌，腕、指伸肌，腕、指屈肌，以及胸肌。第 6 ~ 8 章将会详细说明如何对这些身体部位实施软组织放松。可以把被动软组织放松的详细说明与主动 – 辅助和主动软组织放松详细说明进行对比，加深认识。

小腿肌群

客户俯卧，治疗师站在床尾。双手拇指在膝盖附近并用力锁住客户的小腿肌群，或者在肌肉中段锁定小腿肌群。每次锁定，拇指的压力应该朝膝盖方向，而不是垂直向下用力。保持锁定的同时，用大腿向前顶客户的踝关节，让客户的踝关节产生背屈。

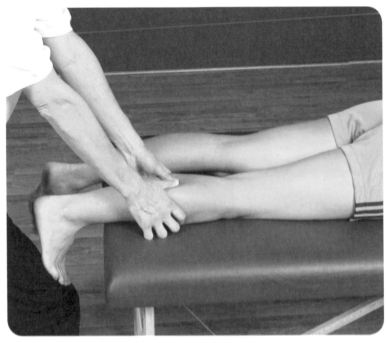

▶ 关于这个拉伸动作的完整说明以及用拇指锁定的操作要领，请参考本书 88 ~ 92 页。

腘绳肌

客户俯卧，膝盖屈曲让腘绳肌被动缩短。在靠近坐骨附近的肌肉起点锁定。每次锁定肌肉纤维并拉伸腘绳肌时，压力应该朝坐骨方向，而不是垂直向下压。保持锁定的同时，让客户的膝盖慢慢伸直，以拉伸腘绳肌。

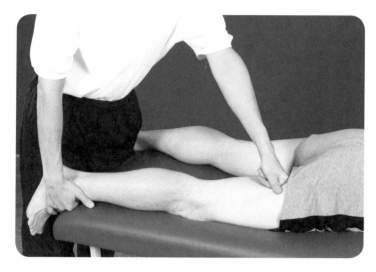

➤ 关于这个拉伸动作的完整说明，请参考本书 81 ~ 83 页。

菱形肌—俯卧姿

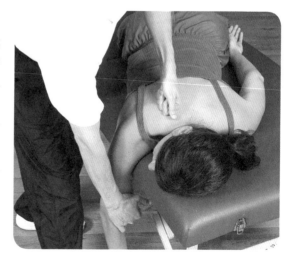

对菱形肌做软组织放松有两种方式，第一种要求客户俯卧趴在治疗床上，第二种要求客户采用坐姿。

第一种方式，客户俯卧位，肩膀放松。抓住客户一只手臂，使菱形肌缩短，轻轻朝脊柱方向按压菱形肌以锁定肌肉。保持锁定的同时，客户手臂缓慢下落，使手臂呈屈曲姿势，肩胛沿胸腔延长以拉伸菱形肌。

➤ 关于这个拉伸动作的完整说明，请参考本书 65 ~ 67 页。

菱形肌—坐姿

客户让身体放松并坐在椅子上。治疗师轻轻抓住客户手臂，让手臂内收，肩胛回缩，菱形肌缩短。另一只手朝脊柱方向按压菱形肌，以锁定肌肉。保持锁定的同时，让客户的手臂屈曲以被动延长肩胛。

➤ 关于这个拉伸动作的完整说明，请参考本书68页。

肱三头肌

客户俯卧，确保俯卧姿势不会妨碍客户的肘部产生屈曲动作。让客户肘关节被动伸展，使肱三头肌缩短。在靠近肌肉起点附近朝肩膀方向按压肱三头肌，以锁定肌肉纤维。保持锁定的同时，轻轻地屈曲客户的肘关节。

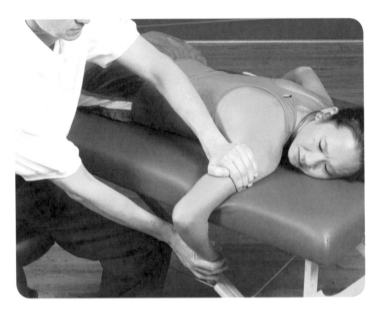

➤ 关于这个拉伸动作的完整说明，请参考本书114～115页。

肱二头肌

客户仰卧，被动屈曲客户的肘关节，朝腋窝方向按压肱二头肌，收紧皮肤并轻轻锁定肌肉。保持锁定的同时，轻轻地伸展客户的肘关节。

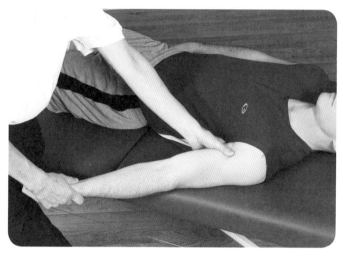

➤ 关于这个拉伸动作的完整说明，请参考本书 118 页。

腕伸肌和指伸肌

轻轻地伸展客户腕关节。从前臂侧面锁定屈肌肌腹。保持锁定的同时，缓慢屈曲客户的腕关节。

➤ 关于这个拉伸动作的完整说明，请参考本书 120 页。

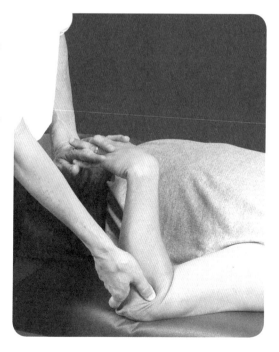

腕屈肌和指屈肌

　　要求客户屈曲腕关节。轻轻地锁定屈肌的起点。保持锁定的同时，缓慢伸展客户的腕关节。

▶ 关于这个拉伸动作的完整说明，请参考本书 123 页。

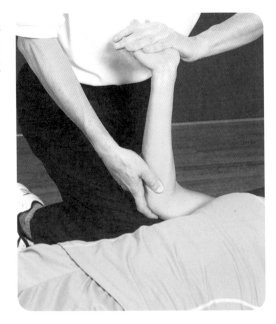

胸肌

　　客户仰卧，治疗师让患者的手臂水平屈曲，另一侧手轻轻握拳，朝胸骨方向，而不是肋骨方向按压胸肌以锁定肌肉。保持锁定的同时，将客户的手臂缓慢地从水平屈曲过渡到自然姿势。

▶ 关于这个拉伸动作的完整说明，请参考本书 69 ~ 70 页。

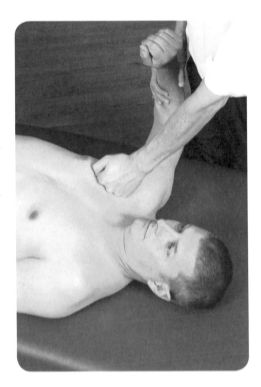

被动软组织放松安全操作指南

被动软组织放松是安全且有效的。不过,在开始实施被动软组织放松之前,了解一下某些注意事项是很有用的。

- 为客户的小腿肌群做软组织放松时,应确保床尾没有任何尖锐的突起物。如果客户俯卧在有尖锐突起物的治疗床上,并且让脚伸出床尾做踝背屈时,脚背会被刺伤。客户在俯卧位对小腿肌群或腘绳肌进行软组织放松时,应注意避免按压到客户的腘窝。

- 客户在俯卧位对菱形肌进行软组织放松时,注意不要让客户整个身体集中在治疗床某一侧。应该让客户躺在治疗床正中间,这样比较安全。

- 对肱二头肌做软组织放松时,应避免挤压到肘窝。

- 治疗师对客户进行软组织放松时,要注意保护自己的拇指。如果发现客户没有拉伸感,需要加大锁定力道,也可以换别的部位来锁定客户的肌肉。如果发现用别的身体部位锁定,会让自己的身体出现不适感,可以考虑改做主动‐辅助软组织放松。这种方式使你更容易加大力道,同时操作姿势也更加安全。

- 结合精油进行软组织放松时,与直接握住干燥的皮肤相比,隔着衣服或用毛巾进行锁定更加容易。因此,要缓慢加大锁定力道,直到客户反馈所用的力道合适为止。

- 做被动软组织放松时,要始终观察并询问客户的感受,根据客户的具体感受,在必要时及时停止。

- 所有常规的按摩禁忌都适用于被动软组织放松。比如,有静脉曲张、皮肤破损、新伤或感觉迟钝等问题的身体部位均不能做软组织放松。

何时实施被动软组织放松

可以在日常拉伸训练时,隔着衣服对身体各个部位实施被动软组织放松,或者将被动软组织放松整合到一整套按摩治疗中。运动前可以通过被动软组织放松快速增加关节活动度或避免肌肉痉挛。也可以在运动后,用被动软组织放松拉伸肌肉纤维以消除肌肉痉挛。不过,无论是运动前还是运动后,都应该控制被动软组织放松的拉伸深度,不可过度拉伸客户的身体。此外,还可以把被动软组织放松作为一个有效评估手段来评估肌肉的柔软性。

表 3.1 提供了一些对个别肌肉进行治疗时的有用建议。

表 3.1　哪些情况使用被动软组织放松有帮助

肌肉	身体状况
小腿肌群	■ 用于治疗小腿肌群痉挛 ■ 用于缓解小腿肌群紧张 ■ 运动项目需要下肢产生动作的客户，如跑步、网球或篮球运动员 ■ 用于治疗需要长时间站立或久坐的客户 ■ 增加踝关节或膝关节的活动度 ■ 用于帮助需要增加踝背屈的客户（比如之前因长时间卧床，现在需要站起来的客户） ■ 帮助穿高跟鞋的客户拉伸小腿肌群（过度跖屈并可能引起小腿肌群变短）的客户
腘绳肌	■ 用于腘绳肌紧张的客户 ■ 用于需要长时间久坐的客户，比如驾驶员或打字员 ■ 用于需要通过下肢产生动作的客户，如跑步或篮球运动员 ■ 用于增加膝关节活动度 ■ 用于腰椎过度前突的客户
菱形肌	■ 用于需要用上肢产生动作的客户，如游泳、球拍类或划船运动员
肱三头肌	■ 用于需要长时间或反复伸肘的客户，比如持球拍类运动项目的运动员 ■ 用于按摩治疗师从业人员 ■ 用于之前给肘部或肩膀打石膏，需要恢复肘或肩关节活动能力的客户 ■ 用于增加肘关节屈曲度
肱二头肌	■ 用于需要长时间或反复伸肘的客户，比如划船、挖掘、搬运 ■ 用于之前肘部或肩膀打了石膏，需要恢复肘或肩关节活动能力的客户 ■ 用来增加关节活动度，特别是肘关节伸展度
腕伸肌和腕屈肌以及指伸肌和指屈肌	■ 用于音乐家，如吉他手、钢琴家、横笛吹奏者或小号吹奏者 ■ 用于治疗外上髁炎（伸肌群） ■ 用于治疗内上髁炎（屈肌群） ■ 用于反复或长时间屈曲腕关节的客户，比如打字员、驾驶员或运输沉重包裹的人 ■ 用于体育锻炼需要双手紧握的客户，比如划船或攀岩 ■ 用于按摩治疗师 ■ 用于之前肘或手腕打了石膏，需要恢复肘或手腕活动能力的客户
胸肌	■ 用于驼背客户 ■ 用于需要长时间久坐的客户，比如驾驶员或打字员 ■ 用于建筑工人，此人群胸肌的肌张力肯定比他们背部肌肉的肌张力更高 ■ 用于工作、爱好者或者运动中需要用到胸大肌的客户，比如小号吹奏者、网球或高尔夫球运动员

小问题

1. 肌肉位于自然姿势是什么意思?
2. 被动软组织放松中,由谁实施拉伸,是治疗师还是客户?
3. 拉伸肌肉时是否要保持锁定?
4. 锁定肌肉哪一端时客户的拉伸感最强烈,是肌肉近端还是远端?
5. 被动软组织放松第一次结合精油按摩时,为什么需要小心?

第 4 章

主动－辅助
软组织放松

学习本章可以掌握主动－辅助软组织放松的实施方法。先阅读主动－辅助软组织放松的 7 个简单步骤，然后尝试这种软组织放松方式的关键锁定、锁定点移动和站位姿势。以 15 块肌肉的主动－辅助软组织放松实例为参考，帮助主动－辅助软组织放松开始实施。还有主动－辅助软组织放松安全操作指南，以及一个表格列出了适用于这种软组织放松方式的身体问题。最后通过回答章末的小问题，检验自己是否已经掌握主动－辅助软组织放松方法的实施原则。

主动－辅助软组织放松入门

与被动软组织放松或主动软组织放松不同（在被动软组织放松中，需要由治疗师来缩短和锁定软组织；在主动软组织放松中，由客户自己对身体实施软组织放松），主动－辅助软组织放松需要结合治疗师和客户双方的力量，适合用于很难使自己的身体放松下来的客户，以及希望能够参与到治疗过程中的客户。这种软组织放松方式允许治疗师加大软组织的锁定力道，因此尤其适用于被动软组织放松时拉伸感不明显的客户。采用这种方式的软组织放松，必要时治疗师可以用双手牢牢锁定客户的肌肉，特别适合用来放松体积较大的块状肌肉，如腘绳肌和股四头肌。治疗师通过双手一起用力加大锁定作用，同时也保证了治疗师自身手腕、手指尤其拇指的安全。

主动－辅助软组织放松特别适合用于关节在石膏固定后的恢复训练。这种软组织放松不仅可以增加关节活动度，还可以恢复关节肌肉力量。主动－辅助软组织放松鼓励客户在不引起关节疼痛的前提下参与到康复训练中，因此是一种非常有价值的康复技术；对于术后客户，这种软组织放松方式比被动软组织放松更加安全。经医护人员允许，可以在康复早期介入这种康复技术，帮助关节维持润滑性，同时恢复肌肉的胶原纤维形态，这是因为关节如果不活动，周围的肌肉就会完全萎缩。

　　主动－辅助软组织放松与被动软组织放松最大的不同之处在于：在被动软组织放松中，由治疗师拉伸处于放松状态的肌肉，而在主动－辅助软组织放松中，由客户主动拉伸肌肉以活动相连关节，因此主动－辅助软组织放松中，肌肉通常处于反向收缩状态。除了一到两个特例之外，这两种放松方式还有另一个不同点，那就是主动－辅助软组织放松中，被治疗的肌肉一般处于缩短状态，而在被动软组织放松中，被治疗的肌肉处于自然状态。

如何实施主动－辅助软组织放松

　　实施主动－辅助软组织放松，可以参考以下步骤：

1. 触摸待拉伸肌肉，找到肌纤维的走向。
2. 确认肌肉处于自然状态。自然状态是指肌肉既没有过度缩短也没有过度拉长。用主动软组织放松法治疗小腿肌群、脚掌、斜方肌上束、斜角肌、肩胛提肌和竖脊肌上段的肌纤维时，肌肉应该处于自然状态。而用主动－辅助软组织放松法治疗腘绳肌、髂肌、胫骨前肌、腓骨肌、股四头肌和胸肌时，需要客户先主动收缩肌肉，使肌肉处于缩短状态，再进行拉伸。
3. 向客户解释拉伸步骤。在你锁定肌肉后需要客户做的动作，比如如果你需要客户缩短腘绳肌，只需告诉客户请屈膝，大多数客户应该都能准确无误地执行这个指令。不过，需要放松腓骨肌和腕屈肌、腕伸肌时，则不是仅通过一两句指令就可以准确表述的，此时需要客户做的动作，你应该亲自讲解或做示范。有很多客户甚至不能理解脚外翻这个动作怎么做（放松腓骨肌时需要客户做这个动作），还包括腕屈曲和腕伸展这类动作，都需要做示范动作。
4. 当肌肉处于自然姿势或收缩状态时，锁定肌纤维应由肌肉的起点（近端）逐步向止点（远端）移动锁定点。
5. 保持肌肉锁定，同时要求客户做指定动作，直到客户感觉到肌肉被拉伸。根据放松的具体肌肉，要求客户产生的动作也各不相同（参见第 6 ~ 8 章所附照片以及对每一块肌肉拉伸动作的说明）。
6. 拉伸肌肉后，松开锁定，让肌肉回到自然状态或者要求客户再次收缩肌肉。
7. 另选一个新的锁定点，由肌肉近端向肌肉远端移动，直到锁定点移动到肌肉远端的肌腱为止。

解剖学提示

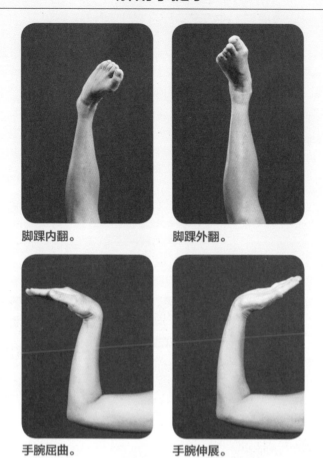

脚踝内翻。　　　　　脚踝外翻。

手腕屈曲。　　　　　手腕伸展。

选择被动软组织放松还是主动 – 辅助软组织放松

　　为客户提供治疗服务时，开始的时候应避免交替使用被动软组织放松和主动 - 辅助软组织放松。同时使用两种软组织放松方式会让客户出现困惑，不知道自己是否需要参与到拉伸中。不过，也有很多客户立刻就学会如何配合治疗师进行主动 - 辅助软组织放松，特别是那些经常来你这里接受按摩治疗的客户。在后期治疗中，你也许能够根据你要拉伸的肌肉，凭直觉快速判断出应该对客户做哪种软组织放松。

　　记住，有些客户从来不愿意主动参与到自己的身体治疗当中，因此，对于此类客户，任何时候都不适合做主动 - 辅助软组织放松，即使有些时候你认为非常有必要采取主动的方式。因为这些客户始终倾向于被动接受治疗。

主动－辅助软组织放松的关键锁定、 锁定点移动和站位姿势

这里结合图片和文字，说明 15 个身体部位主动－辅助软组织放松的具体实施方法，15 个身体部位是指：下肢的小腿肌群、脚掌、腘绳肌、髂肌、胫骨前肌、腓骨肌、臀肌和股四头肌；身体躯干的斜方肌上束、斜角肌、肩胛提肌、竖脊肌和胸肌；以及上肢的腕伸肌和腕屈肌。第 6 ～ 8 章有关于这些部位进行主动－辅助软组织放松的详细说明，你可以对比主动-辅助软组织放松与被动软组织放松的不同之处。

小腿肌群

在膝关节下方靠近膝盖位置锁定小腿肌群，注意不要按压腘窝。保持锁定，同时要求客户做踝背屈、趾屈。客户完成踝背屈后，立刻松开锁定，换一个新的锁定点。

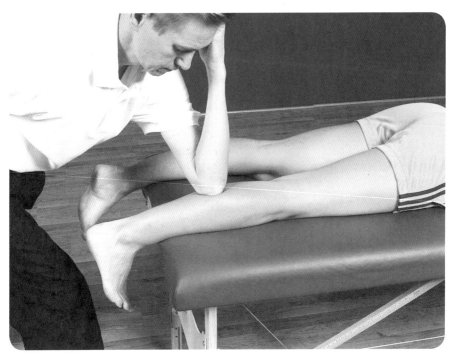

▶ 关于这个拉伸动作的完整说明，请参考本书 93 ～ 94 页。

脚掌

客户俯卧，双脚伸出治疗床外；踝关节处于自然姿势，用凸点按摩工具轻轻按压脚掌。要求客户做踝关节背屈和趾屈，保持这个姿势并对一只脚的脚底按摩每几分钟。

➤ 关于这个拉伸动作的完整说明，请参考本书 96 ~ 97 页。

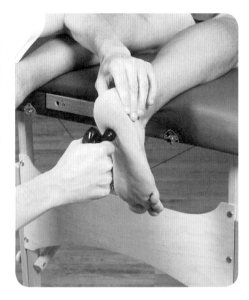

腘绳肌

客户俯卧，膝关节主动屈曲。治疗师将肘关节放在客户靠近坐骨附近的腘绳肌上，朝臀部按压腘绳肌，拉伸前先从腘绳肌较松弛的部分开始锁定。保持锁定，让客户的腿用力向治疗床方向下压。松开锁定，客户再次屈曲膝关节。

➤ 关于这个拉伸动作的完整说明，请参考本书 84 ~ 85 页。

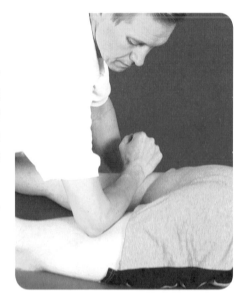

髂肌

客户侧卧，髋关节屈曲，治疗师锁定髂肌（位于回肠前面）。治疗师保持锁定让客户伸展髋关节并伸直双腿。

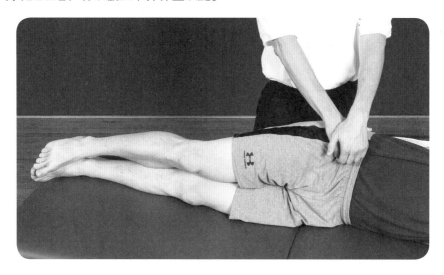

▶ 关于这个拉伸动作的完整说明，请参考本书 110 ~ 111 页。

胫骨前肌

客户踝背屈，治疗师用肘或上肢其他部位锁定客户的胫骨前肌。保持锁定，要求客户完成趾屈。距离胫骨前肌起点的更远处选择新的锁定点并锁定肌肉。

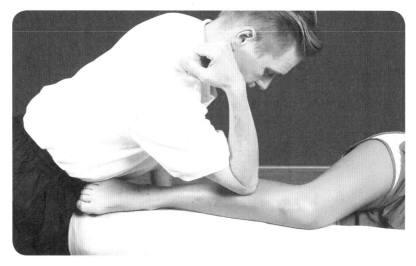

▶ 关于这个拉伸动作的完整说明，请参考本书 104 ~ 105 页。

腓骨肌

客户侧卧，外翻双脚。治疗师锁定腓骨肌张力较高的部位。保持锁定的同时要求客户让脚产生内翻。由肌肉近端至远端缓慢向下移动锁定点，客户会有比较明显且舒适的拉伸感。

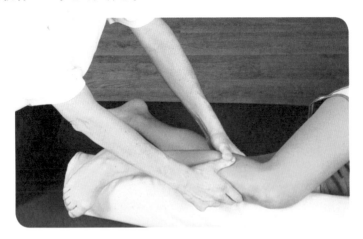

➤ 关于这个拉伸动作的完整说明，请参考本书 106 ~ 107 页。

臀肌

客户侧卧，髋关节处于自然姿势，治疗师用前臂接触客户的臀肌并沿客户的骶骨方向按压，保持锁定，同时要求客户屈曲髋关节。重复锁定，让客户屈髋数分钟，并不断调整新的锁定点，找到客户感觉拉伸感最强的部位，集中拉伸这个部位。

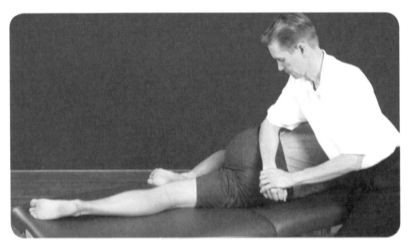

➤ 关于这个拉伸动作的完整说明，请参考本书 108 ~ 109 页。

股四头肌

　　客户采用坐姿，伸直腿并绷直膝盖。治疗师及时锁定处于主动缩短状态的股四头肌。保持锁定，要求客户屈曲膝关节，立刻松开锁定，然后在距离之前更远的锁定点重新锁定，让客户再次屈曲膝关节以拉伸股四头肌。从髋关节往膝盖方向逐渐往下移动锁定点。

➤ 关于这个拉伸动作的完整说明，请参考本书 100 ~ 101 页。

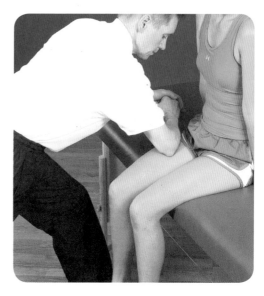

斜方肌上束

　　客户采用坐姿，由治疗师锁定客户斜方肌上束的肌纤维。保持锁定，同时要求客户的颈部朝对侧身体屈曲，直到客户感觉到有舒适的拉伸感为止。重复上述动作 3 次，然后换另一侧。

➤ 关于这个拉伸动作的完整说明，请参考本书 74 页。

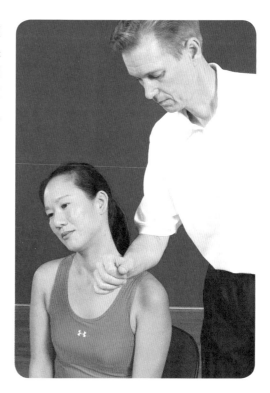

斜角肌

客户采用坐姿，治疗师用手指轻轻锁定客户的斜角肌。要求客户向另一侧转头，直到客户感觉斜角肌被舒适地拉伸开。重复3次，然后换另一侧并重复上述操作。

➤ 关于这个拉伸动作的完整说明，请参考本书 76 页。

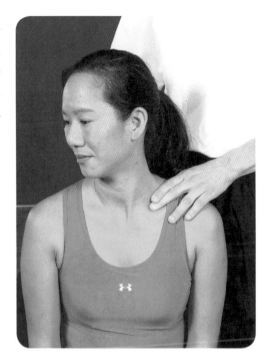

肩胛提肌

找到肩胛提肌并锁定。保持锁定，同时要求客户向 45° 方向转头，然后低头，眼睛看向地面。要求客户重复3次此动作，然后用同样的方法放松客户身体另一侧的肩胛提肌。

➤ 关于这个拉伸动作的完整说明，请参考本书 72 ~ 73 页。

竖脊肌（棘肌）

　　客户采用坐姿，治疗师从背部的正中间锁定其竖脊肌。保持锁定，同时要求客户屈曲颈部。放松，然后往上移动锁定点，客户再次屈曲颈部，像这样不断重复，反复拉伸竖脊肌。

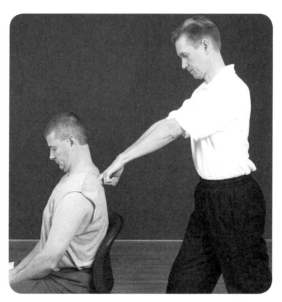

➤ 关于这个拉伸动作的完整说明，请参考本书 75 页。

胸肌

　　要求客户抬起一侧手，让抬起的手越过身体，使胸大肌主动缩短。治疗师手握松拳，朝胸骨方向按压胸肌以锁定肌肉，保持锁定，同时要求客户移动手臂，感受胸肌的拉伸感。

➤ 关于这个拉伸动作的完整说明，请参考本书 71 页。

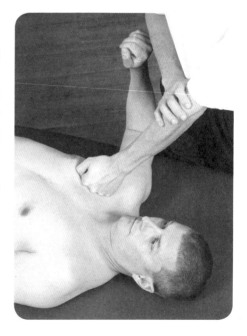

手腕和指伸肌

　　要求客户伸展腕关节，找到客户手腕和指伸肌肌腹并锁定，保持锁定，同时要求客户屈曲腕关节。治疗师沿肘关节伸肌肌腹移动锁定点，重复上述操作。

➤ 关于这个拉伸动作的完整说明，请参考本书 121 页。

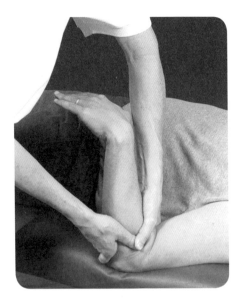

手腕和指屈肌

　　要求客户屈曲腕关节，找到客户手腕和指屈肌肌腹并锁定，保持锁定，同时要求客户伸展腕关节。沿屈肌肌腹移动锁定点，反复锁定、拉伸。

➤ 关于这个拉伸动作的完整说明，请参考本书 124 页。

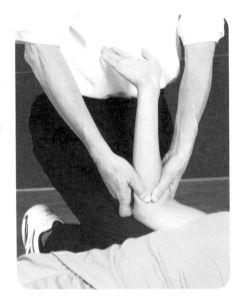

主动 - 辅助软组织放松安全操作指南

以下操作指南有助于保障主动 - 辅助软组织放松实施过程中治疗师和客户的身体安全：

- 常规按摩的禁忌同时也是主动 - 辅助软组织放松的禁忌。例如，不可以对静脉曲张客户做主动 - 辅助软组织放松。
- 用此方法治疗小腿肌群和腘绳肌时，不要按压到客户的腘窝。
- 操作时，治疗师应注意自己的身体姿势，保护自己的背部。例如，治疗小腿肌群时，不要在没有找到固定物支撑自己身体的情况下向后弯腰。
- 胫骨前肌受伤的客户不可以做小腿肌群主动 - 辅助软组织放松。因为对小腿肌群做主动 - 辅助软组织放松需要反复背屈踝关节，会伤害胫骨前肌。与此相反，如果客户胫骨前肌力量太弱，无法背屈踝关节，此时应该采用主动 - 辅助软组织放松作为康复技术，它可以加强踝关节的背屈力量。
- 当你沿着胫骨或腓骨进行治疗时，要确保客户的膝盖获得足够的支撑。用肘关节锁定束状肌肉时要注意，不要让肌肉脱离骨骼，发生挫伤。
- 为膝前侧有疼痛的客户拉伸股四头肌时，不能像往常一样从近端向远端移动锁定点。因为当你的锁定点越靠近膝盖，拉伸感越强，对膝盖的压力就越大。长期看来，这个动作可以较好地缓解由股四头肌张力较高而引起的髌骨疼痛，不过拉伸时客户可能会比较疼。
- 拉伸斜角肌时，注意控制锁定的力道。随时关注客户的反馈。

何时实施主动 - 辅助软组织放松

总体说来，主动 - 辅助软组织放松对于以下情况是有用的。

- 那些在治疗时无法放松自己身体的客户
- 喜欢参与到治疗过程中来的客户
- 需要用较大的力气锁定软组织的时候
- 采取被动软组织放松过程中始终没有拉伸感的客户
- 治疗体积较大的块状肌肉，如腘绳肌和股四头肌时
- 当你的手腕、手指和拇指非常需要保护时
- 需要加强肌肉力量时，比如关节固定后需要恢复肌肉力量

表 4.1 提供了用主动－辅助软组织放松治疗某些肌肉时可能有用的建议。

表 4.1　主动－辅助软组织放松对以下身体状况有帮助

肌肉	身体状况
小腿肌群	■ 用于小腿肌群张力较高的客户 ■ 用于涉及下肢动作的人群，如跑步、网球或篮球运动员 ■ 用于治疗需要长时间站立或久坐的客户 ■ 用于增加踝关节和膝关节的关节活动度 ■ 用于治疗需要增加踝背屈的客户（比如，之前卧床不起现在需要重新站起来的客户） ■ 用于穿高跟鞋导致跖屈过度、小腿肌群变短的客户 ■ 用于需要加强胫骨前肌力量的部分训练
脚掌	■ 用于患有足底筋膜炎的客户 ■ 用于跟腱有问题的客户
腘绳肌	■ 用于腘绳肌张力较高的客户 ■ 用于需要长时间久坐办公的客户，如驾驶员和打字员 ■ 用于所从事的运动项目涉及下肢活动的人群，如自行车手、跑步或篮球运动员 ■ 用于增加膝关节活动度 ■ 用于腰椎过度前突的客户 ■ 经医生许可，用于膝盖手术或膝关节固定后的康复训练
髂肌	■ 用于髋屈肌张力较高的客户 ■ 用于所从事的运动项目需要反复屈髋的客户，如跑步、划船、自行车或赛车运动员 ■ 用于长时间久坐的客户，如驾驶员 ■ 用于增加伸髋的活动度 ■ 用于长期骑行的客户
胫骨前肌	■ 用于胫骨前肌张力较高的客户 ■ 用于所从事体育活动需要反复或长时间背屈的客户，比如跑步或网球运动员 ■ 长时间登山之后 ■ 长时间站立之后 ■ 踝关节固定治疗后，需要增加跖屈活动度
腓骨肌	■ 用于腓骨肌张力较高的客户，通常是那些扁平足人群 ■ 用于踝关节固定后增加关节内翻度 ■ 用于所从事活动用到腿部肌肉的客户 ■ 用于踝关节有外翻倾向的客户，比如骑马的人
臀肌	■ 用于所从事体育活动要求反复或长时间伸展或外展髋关节的客户，如跑步、跳高和滑冰运动员

（待续）

续表

肌肉	身体状况
股四头肌	■ 用于股四头肌张力较高的客户 ■ 用于所从事体育运动包括下肢动作的客户，如自行车、跑步或跳高跳远运动员 ■ 用于增加膝关节活动度 ■ 用于增加膝盖屈曲度
斜方肌上束、斜角肌、肩胛提肌、竖脊肌（棘肌）	■ 用于颈部肌肉张力较高的客户 ■ 用于长时间久坐办公的客户，如作家、驾驶员或打字员 ■ 用于歌手 ■ 用来增加颈椎活动度 ■ 用于颈椎固定后的康复治疗 ■ 客户需要在坐姿的情况下进行按摩 ■ 用于肌张力过高引起头疼的客户 ■ 用于肩胛骨固定或肩膀受外伤后的康复训练，尤其适用于斜方肌上束和肩胛提肌 ■ 任何反复或长时间活动肩膀的客户，特别是那些需要产生举手过肩动作的客户，比如网球、游泳或保龄球运动员 ■ 用于长时间保持一个姿势不动的客户，比如画家、艺术家或模特
胸肌	■ 用于胸肌张力较高的客户 ■ 用于驼背的客户 ■ 用来增加肩部水平外展 ■ 用于肩关节固定后的康复训练（如吊绷带的客户） ■ 用于反复或长时间运动肩膀的客户，尤其适用于那些需要肩关节内收、前屈、水平屈曲的客户，比如攀爬、球拍类运动或游泳运动员 ■ 用于长时间保持肩前屈不动的客户，如自行车手或驾驶员
腕伸肌和腕屈肌以及指伸肌和指屈肌	■ 用于需要反复运动手指的音乐家，如吉他手、钢琴家、横笛或小号吹奏者 ■ 用于治疗外上髁炎（伸肌） ■ 用于治疗内上髁炎（屈肌） ■ 用于反复或长时间屈曲手掌或手指的客户，比如打字员、驾驶员或搬运重物的工作人员 ■ 用于所从事活动需要双手紧握的客户，比如攀爬或划船运动员 ■ 用于按摩治疗师 ■ 用于手腕或手肘关节固定后的康复治疗

小问题

1. 主动 - 辅助软组织放松由谁实施，是治疗师、客户，还是双方一起实施？

2. 主动 - 辅助软组织放松适用于哪一类客户？

3. 为什么这种形式的软组织放松对于关节固定后的康复训练非常有用？

4. 被动软组织放松和主动 - 辅助软组织放松两者最大的不同点是什么？

5. 第一次为客户实施软组织放松时，为什么要避免交替使用被动软组织放松和主动 - 辅助软组织放松？

第 5 章

主动软组织放松

被动和主动–辅助软组织放松是治疗师用来为客户提供治疗服务的两种软组织放松方式。本章，我们要讨论的是如何实施主动软组织放松，你可以把这种软组织放松方式用在自己身上或教给客户让客户作为家庭护理计划的一部分。本章介绍8块肌肉关于主动软组织放松的关键锁定、锁定点移动和站位姿势，并配套照片和安全操作指南，同时列出主动软组织放松的适用情况。和前两章一样，回答章末的小问题可以加深你对实施主动软组织放松的理解和掌握。

主动软组织放松入门

人体很多肌肉都可以实施主动软组织放松。实施主动软组织放松时，由自己锁定并拉伸肌肉。与被动软组织放松不同，主动软组织放松的肌肉拉伸是主动缩短，而不是被动缩短。这意味着你将锁定的肌肉是处于收缩，而不是舒张状态。尽管如此，这种放松方式释放肌肉张力的效果非常显著，没有治疗师帮助时，用这种放松方式救急也非常不错。

如何实施主动软组织放松

实施主动软组织放松，可以参照以下步骤：

1. 触摸待拉伸的肌肉，找到肌纤维走向。
2. 肌肉短缩。也可以理解成肌肉向心收缩。具体的收缩运动取决于待拉伸的肌肉。比如，如果是对腘绳肌做主动软组织放松，需要屈曲膝关节，如果是对肱三头肌做主动软组织放松，肘关节伸展时，肌肉不需要完全收缩。事实上，肌肉完全收缩有时候会影响软组织的放松效果。例如，为了收缩肱二头肌而让肘关节全范围屈曲后，肌肉锁定也会受到限制，因为没有足够的空间来抓住肱二头肌。

3. 轻微收缩肌肉，锁定肌纤维，从肌肉起点（近端）开始锁定肌肉。
4. 一旦完成锁定，立刻主动拉伸肌肉。拉伸时保持锁定。
5. 肌肉被拉长后，立刻松开锁定。
6. 再次收缩肌肉。
7. 在距离第一次锁定点附近选一个新的锁定点。重复上述步骤。

直至锁定点移动到肌肉远端的肌腱并完成拉伸后结束该肌肉拉伸。如果操作无误，随着锁定点由近端向远端移动，拉伸感会越来越强烈。

小贴士 为了真正地掌握软组织放松技术，需要了解身体肌肉和肌肉能够完成的动作。如有必要，可以在手边放一本解剖学参考书，在阅读本书过程中随时翻阅。

主动软组织放松作为家庭护理计划的一部分

向客户分享主动软组织放松技术，让客户把这种软组织放松方式当作家庭护理计划的一部分很有帮助。毕竟，如果你每周为客户提供 1 次治疗，那么其余 6 天需要客户自己处理各种身体状况。将自己做主动软组织放松技术的小窍门教给客户，可以帮助客户处理当前的身体问题，参与自身的康复训练。此外，很多治疗师发现对自己的前臂做主动软组织放松非常有用，尽管使用得当，但前臂的肌张力还是会比较高，而且容易出现扳机点。

主动软组织放松的关键锁定、
锁定点移动和站位姿势

下面介绍给 8 个身体部位进行主动软组织放松的具体实施细节。这 8 个身体部位分别是脚掌足底筋膜、腘绳肌、股四头肌、小腿肌群、手腕和指伸肌及指屈肌、肱二头肌以及肱三头肌。第 6 ~ 8 章有关于这些部位如何进行主动 - 辅助软组织放松和被动软组织放松的详细说明，还可以对比它们之间的区别。

脚掌

　　坐姿，脚踝放松，并让脚心踩在网球或带刺治疗球上。在球上缓慢伸展脚趾并背屈踝关节。沿着脚掌慢慢滚动小球，找到足底筋膜张力较高的区域，在这个区域来回滚动小球，拉伸脚掌。

▶ 关于这个拉伸动作的完整说明，请参考本书98～99页。

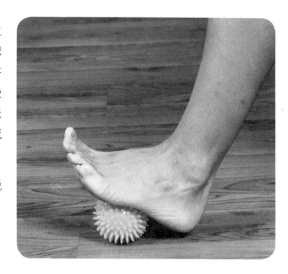

腘绳肌

　　仰卧，屈曲膝盖，缩短腘绳肌，十指交叉抓住网球放在腘绳肌上。保持网球位置不动，缓慢伸展膝关节。大约从坐骨下方开始第一锁定点（用球锁定），然后逐渐向上移至膝盖。

▶ 关于这个拉伸动作的完整说明，请参考本书86～87页。

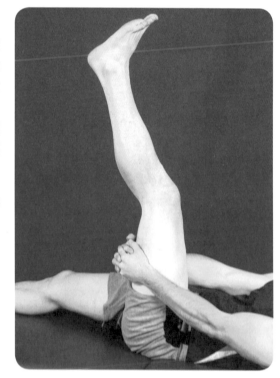

股四头肌

俯卧，将小球放于大腿下方，并让它在大腿下方前后左右滚动；感受球滚到哪个部位的拉伸感最强。球的滚动顺序，从髋附近逐渐向膝盖靠近。

▶ 关于这个拉伸动作的完整说明，请参考本书 102 ～ 103 页。

小腿肌

如照片所示，将小球放在小腿肌群下方。缓慢背屈踝关节。

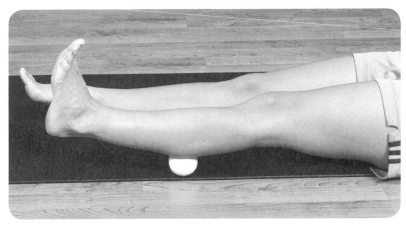

▶ 关于这个拉伸动作的完整说明，请参考本书 95 页。

手腕和指伸肌

　　找到手腕和指伸肌肌腹。伸展腕关节，同时让另一只手轻轻锁定肌腹。保持锁定，并缓慢屈曲腕关节。由腕伸肌近端（肘关节附近）至远端（腕关节附近）移动锁定点，反复拉伸手腕和指伸肌。

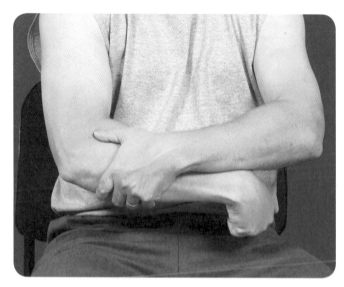

➤ 关于这个拉伸动作的完整说明，请参考本书 122 页。

手腕和指屈肌

　　找到手腕和指屈肌肌腹。屈曲腕关节，同时另一只手轻轻往肘关节方向按压，轻轻锁定肌腹。同时缓慢伸展腕关节。由肘关节至手腕方向移动锁定点，反复拉伸手腕和指屈肌。

➤ 关于这个拉伸动作的完整说明，请参考本书 125 ~ 126 页。

肱二头肌

屈曲手臂，另一只手轻轻抓住肱二头肌并锁定肌肉。保持锁定，同时缓慢伸展肘关节。

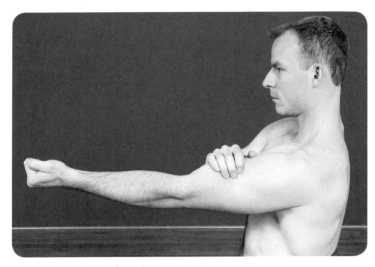

▶ 关于这个拉伸动作的完整说明，请参考本书 119 页。

肱三头肌

让一侧手臂伸展，另一只手握紧这只手的肱三头肌并锁定肌肉。保持锁定，同时缓慢屈曲肘关节。

▶ 关于这个拉伸动作的完整说明，请参考本书 116 ~ 117 页。

主动软组织放松安全操作指南

主动软组织放松是安全有效的软组织放松方式。不过，在实施这种放松方式之前，了解某些注意事项是很有用的。因为在某些情况下，身体要承受的压力比较大。

- 如果近期受过外伤或者皮肤容易擦伤，应避免实施主动软组织放松。
- 对脚底筋膜做主动软组织放松时，身体的重量不要过多转移到球上。绝对不允许直接站在球上。
- 足底筋膜炎、网球肘或高尔夫球肘用主动软组织放松进行自我治疗应慎重。拉伸应轻缓，时间不超过 3 分钟。大多数人发现采用主动软组织放松可以有效缓解不适感。不过，如果进行主动软组织放松的 12 小时之内情况开始恶化，切忌再次进行软组织放松。避免对反应比较迟钝的身体部位进行主动软组织放松。
- 软组织放松是一种非常有效的方法，但不要过度拉伸任何部位。对某部位已经实施 2 ~ 3 次软组织放松之后应该适时停止。如果拉伸完这个部位，第二天有酸痛感，则不可以对该部位再做软组织放松。
- 关节固定后对周围的软组织进行拉伸治疗要特别注意。如果是石膏固定的话，皮肤会更加脆弱，该部位的皮肤可能非常容易破损。
- 赛前避免深层主动软组织放松。赛前通过软组织放松腘绳肌确实极具诱惑力，不过应避免深层的拉伸，因为深层的拉伸会削弱肌肉力量。
- 用拇指锁定进行软组织放松，比如治疗腕伸肌和屈肌时，要特别小心。这些肌肉比较小，拉伸时只需较小的压力就可以锁定这些肌肉。如果你发现用拇指锁定开始引起拇指疼痛，应改用被动软组织放松，或者换另一种锁定方式。

何时实施主动软组织放松

可以在日常拉伸训练时，隔着衣服对身体各个部位实施主动软组织放松，或者用主动软组织放松来消除扳机点：在扳机点上放一个球或者其他按摩工具，轻轻压住扳机点后拉伸。

表 5.1 提供了对某些肌肉进行主动软组织放松治疗的有用建议。

表 5.1 哪些情况进行主动软组织放松对身体有帮助

肌肉	身体状况
足底筋膜	■ 用于治疗足底筋膜炎 ■ 长时间站立后的恢复 ■ 运动后，比如跑步或行走后 ■ 治疗肌肉痉挛 ■ 踝关节扭伤后帮助足底筋膜恢复柔韧性 ■ 关节固定后的治疗，比如跟腱断裂之后的治疗，帮助脚部肌肉恢复柔韧性
腘绳肌	■ 用于治疗肌张力较高的腘绳肌 ■ 长时间久坐后肌肉需要恢复活力 ■ 用于膝关节固定后，增加膝关节活动度
股四头肌	■ 股四头肌参与的运动之后，比如行走、跑步或原地踏步之后 ■ 长时间站立之后
小腿肌	■ 在小腿肌群完成大运动量之后，比如网球、跑步或篮球运动 ■ 踝关节固定治疗之后
手腕和指伸肌和屈肌	■ 用于打字员 ■ 用于网球运动员（伸肌），高尔夫球运动员（屈肌）和驾驶员（屈肌） ■ 搬运重物之后 ■ 用于运动中需要抓握的项目，比如攀岩或划船 ■ 用于按摩治疗师 ■ 腕关节或肘关节固定治疗之后
肱二头肌	■ 任何需要肘关节反复屈曲的运动，比如划船、挖掘或搬运 ■ 肘关节或肩关节固定治疗之后
肱三头肌	■ 任何需要肘关节不断屈曲的运动，比如网球 ■ 用于按摩治疗师 ■ 肘关节或肩关节固定治疗之后

小问题

1. 待拉伸的肌肉应该如何缩短？
2. 是先收缩再锁定待拉伸的肌肉，还是先锁定再收缩？
3. 肌肉拉伸时怎样确定锁定点的移动方向？
4. 如果我的皮肤很容易擦伤，我可不可以做主动软组织放松呢？
5. 对同一块肌肉做主动软组织放松的时间可以持续多久？

实施软组织放松

第三部分共有3章，主要介绍对身体各肌肉实施软组织放松的具体方法。第6章讲述如何对躯干肌肉实施软组织放松，包括菱形肌、胸肌、肩胛提肌和斜方肌上束、竖脊肌和斜角肌。第7章专门介绍下肢肌肉软组织放松的实施办法，从中可以学习如何对腘绳肌、小腿肌群、脚掌、股四头肌、胫骨前肌、腓骨肌、臀肌和髂肌做软组织放松。第8章讲述如何对上肢肌肉做软组织放松，包括如何拉伸肱二头肌、肱三头肌、手腕和指伸肌及指屈肌。

　　每章都包含一个表格，表中概述了对于每一种肌肉可以实施哪种软组织放松方式。利用照片展示起始和结束姿势，并提供动作分解细节，还介绍了每种拉伸方式的优缺点。此外还提供了非常多的小贴士，甚至还有治疗经验框，用真实发生的事例说明某些拉伸操作实施的原因以及获得的效果。每章末尾列有相关问题，检测你对章节知识的掌握程度。从任意一章开始学习这3章内容都可以帮你掌握3种软组织放松方式的实施办法。

第 6 章

躯干软组织放松

本章主要讲述如何对身体躯干肌肉实施软组织放松。采取对比的形式，讲述对躯干每个主要肌肉群做被动、主动－辅助和主动 3 种不同方式的软组织放松的步骤。有一点希望大家注意，并不是所有肌肉群都可以实施这 3 种不同的软组织放松（参见表 6.1）。事实上，下表所列的躯干肌肉是几乎不做主动软组织放松的。

表 6.1　可以对躯干肌肉进行软组织放松的类型

肌肉	软组织放松的类型		
	被动	主动－辅助	主动
菱形肌	✓	–	–
胸肌	✓	✓	–
肩胛提肌	–	✓	–
斜方肌上束	–	✓	–
竖脊肌（棘肌）	–	✓	–
斜角肌	–	✓	–

- **被动软组织放松**：菱形肌和胸肌适合做被动软组织放松。颈部软组织则更适合做主动－辅助软组织放松。因为，客户可以根据自己的感受及时调整动作的幅度。

- **主动－辅助软组织放松**：这是一种可以安全拉伸胸肌、肩胛提肌、斜方肌上束、竖脊肌和斜角肌的放松方式。菱形肌也可以用这种方式来拉伸，不过让客户在俯卧位对菱形肌做主动–辅助软组织放松的话，容易使菱形肌疲劳。对于治疗师来说，对菱形肌做主动–辅助软组织放松也有一定难度，因为菱形肌的体积相对较小，向心收缩时长度进一步缩短，治疗师会发现菱形肌非常难锁定。因此，本章没有关于菱形肌主动–辅助软组织放松的相关内容。

- **主动软组织放松**：对躯干肌肉的拉伸放松通常放在整体的拉伸训练中，拉伸躯干肌肉时一般不采用主动软组织放松，因为靠自己锁定躯干肌肉是比较困难的，正确锁定躯干肌肉必然会引起身体其他部位张力增大。

本章后续将详细说明对身体躯干肌肉做被动、主动–辅助软组织放松的具体流程，同时还提供这两种软组织放松技术的一些小贴士。

被动软组织放松：俯卧拉伸菱形肌

第1步： 客户俯卧在治疗床上，肩膀可以自由屈曲。为了让肩关节更好地完成屈曲动作，可以让客户躺在床的对角线上，并一只手臂悬在治疗床一侧，分别让头和脚放对角线的两端。客户摆好姿势后，治疗师握住客户手臂，让客户肩胛骨被动收起，菱形肌被动收缩。

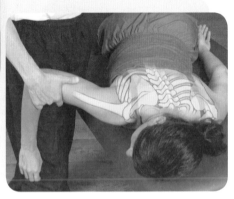

第2步： 握住客户手臂，保持菱形肌被动缩短，另一只手放在菱形肌上面朝脊柱方向按压以锁定肌肉。如骨架示意图所示，此时肩胛骨沿肋骨向外。这也是为什么按压时应该朝脊柱方向用力，而不是垂直向下压的原因，因为垂直向下的压力容易插入肋间，客户会非常不舒服。

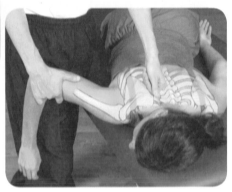

第3步: 保持锁定，同时慢慢放下客户手臂成屈曲姿势，此时肩胛沿胸腔伸长，菱形肌得到拉伸。

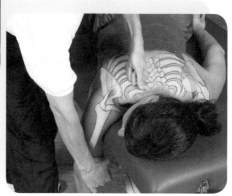

菱形肌体积相对较小，不能像其他肌肉一样沿肌肉边缘逐步移动锁定点。因此，可以在菱形肌上任意位置选定新的锁定点然后拉伸。

小贴士 需要你调整客户姿势，确保客户肩膀屈曲。因为如果客户姿势不正确，这个拉伸操作会对客户腋窝下的臂丛造成压力，引起不适感。

如果发现用拳头锁定菱形肌会引起手腕不适，可以改用前臂锁定菱形肌。最好不要用肘关节直接锁定。

治疗经验

在治疗一位肌肉特别大块的女划船运动员时我发现，在俯卧位对客户的菱形肌做主动-辅助软组织放松效果特别好。通过主动-辅助软组织放松结合精油按摩技术，我可以在较大的杠杆作用下，用肘部锁定客户的肌肉，并拉伸肌张力较高的部分。不过，因为对裸露的皮肤无法牢固地锁定，我还需要一条毛巾帮我更好地锁定客户的菱形肌。

优点： 可以借助杠杆作用更好地锁定肌肉。

缺点： 如果客户姿势错误，这个拉伸操作会使客户腋窝下的臂丛受到额外压力，引起不适。

- 抬起和放下客户手臂时要确保自己的姿势正确。

- 这个拉伸动作与精油按摩相结合相对困难，因为在这部位的拉伸操作中，客户需要躺在治疗床的对角线上，并且在治疗过程中，需要多次挪动客户身体。

- 由于存在杠杆作用，有时候锁定的力度会特别大。按摩肋骨上方的肌肉时，锁定肌肉的力度太大，客户会非常不舒服。

- 除非你的客户日常一直进行体育运动，否则不需要拉伸菱形肌。比如很多驼背客户都有圆肩等姿势问题，圆肩客户的菱形肌必然已经被拉长了，对于这类客户，还有必要拉伸菱形肌吗？

被动软组织放松：坐姿拉伸菱形肌

第1步： 客户舒适地坐在椅子上，治疗师一只手抓住客户手臂使肩胛被动收缩，菱形肌缩短。另一只手放在客户的菱形肌，朝脊柱方向按压，把菱形肌较为松弛的部分锁定。

第2步： 保持锁定，同时使客户手臂呈屈曲姿势，被动延长肩胛。

优点： 这个姿势的杠杆作用较小，锁定力过大的可能性不大。因此这个方法适合对压力特别敏感的客户。

缺点： 注意保护自己的拇指
- 为手臂较长且体重很大的客户做这个被动软组织放松会比较困难。
- 有些客户发现自己在接受被动软组织放松时无法完全放松身体，总会不自觉地收紧四肢肌肉。

- 客户在坐姿状态下，躯干背面的肌肉不如俯卧时放松。

被动软组织放松

第1步：客户仰卧，治疗师拿起客户手臂，做水平屈曲，另一只手握松拳，放在客户的胸肌上，朝胸骨方向而不是垂直向下按压胸肌，锁定胸肌。锁定胸肌之前要先向客户说明你的手要放在客户胸部，以及你为什么要放在胸部，避免客户感觉被冒犯。

小贴士　如果发现胸肌不容易锁定，可以隔一块折叠成四分之一大小的毛巾进行胸肌的锁定。

第2步：保持锁定，同时缓慢移动客户手臂，使客户手臂从水平屈曲转换到自然的位置。

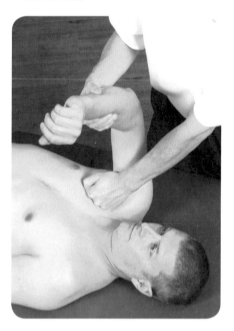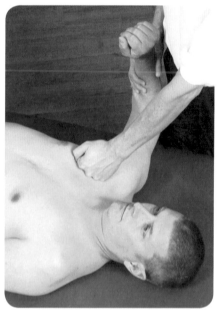

　　从图中可以看出，所有动作的幅度都很小，只需要细微地改变手臂位置，客户就会感受到胸肌被拉伸。治疗女性客户时，主要集中拉伸胸大肌上束肌纤维，避开乳房组织。男性客户可以全面拉伸胸肌各个部分。

小贴士　不要往下按压肋骨。如果发现拳头太大，不能放在待拉伸的肌肉表面，试着用手指进行锁定，还可以用两个手轻轻叠加，增大锁定力度。

有些客户不能立刻就感受到拉伸感。需要你从不同的角度运动手臂，朝多个方向拉伸胸肌。不过，驼背的客户却可以非常迅速地感受到到拉伸感，这是因为此类客户的胸肌比较短。

优点： 这个拉伸操作整合到整体按摩治疗中相对比较容易。

缺点： 需要不断尝试，才能准确地朝胸骨方向而不是肋骨方向按压胸肌。

- 也许你的手掌太大，用拳头无法锁定胸肌，特别是遇到那些体格较小的客户。这种情况，就需要改用手指，但是用手指锁定胸肌一定要提前多加练习，因为用手指锁定胸肌容易插入肋骨间。
- 需要不断尝试才能找到手臂的外展角度以拉伸胸肌，并且针对不同的客户，外展角度也不同。
- 胸部太大的女性客户实施这个拉伸操作会比较困难。
- 为体格较大的客户进行此拉伸操作时，很难找到正确的方法支撑客户上肢。
- 对胸肌大块且非常发达的客户进行被动软组织放松，客户很难有拉伸感，锁定此类客户的胸肌需要非常大的力气。

主动 – 辅助软组织放松

第1步: 要求客户抬起手臂,越过身体,主动缩短胸大肌。治疗师手握松拳,放在客户的胸肌上,朝胸骨方向施加压力,锁定胸肌。

第2步: 保持锁定,要求客户运动手臂并拉伸胸肌。手臂从水平屈曲下降至床面。

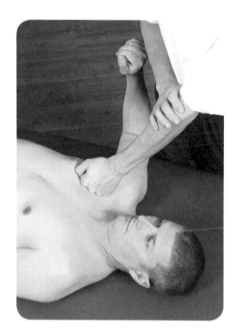

第3步: 松开锁定,每侧胸肌重复第1、2步各3次。

优点: 客户可以准确指出被拉伸的具体部位。

 ■ 治疗师可以双手握松拳同时按压或加大手指的按压力度以提高锁定力。

缺点: 客户运动手臂拉伸胸肌的同时,治疗师站在同侧帮他锁定胸肌,为了不妨碍客户手臂运动,治疗师需要不停躲避。不过,一旦客户手臂找准了拉伸位置,便可以顺利往下持续放松。

　　肩膀有问题的客户对他们的肩胛提肌和斜方肌进行软组织放松特别有用，因为这两块肌肉都对肩胛有直接影响。同时也是颈部肌肉一种安全的拉伸方式，因为主动软组织放松引发过度拉伸的可能性不大。肌肉长度一般会随着张力的变化而变化，可以把这种拉伸方式作为提升颈部活动度整体训练计划的一部分，以维持颈部的肌肉长度。

主动 – 辅助软组织放松

第1步： 客户采用坐姿，治疗师找到其肩胛提肌。

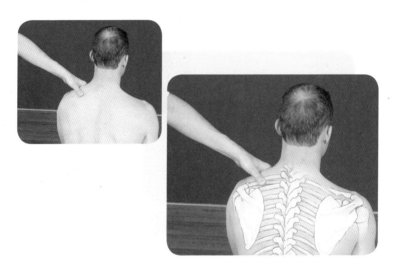

第2步： 锁定肌肉。这是一块束状肌肉，肌张力通常处于较高的状态。

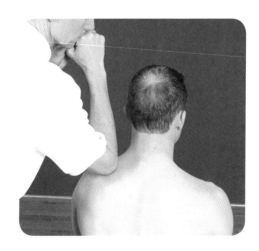

第 3 步：保持锁定，要求客户沿 45°方向转动头部，然后低头看地板。放松后再拉伸，重复 3 次。重复上述操作。

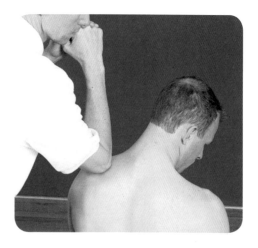

小贴士　这块肌肉张力确实很大，有些客户完全无法忍受这块肌肉的拉伸；仅锁定这块肌肉就已经达到了减轻肌张力的作用。

治疗经验

　　我教会了两名话务员如何实施主动－辅助软组织放松。为了消除彼此颈部肌肉过高的张力，他们每天用这种办法轮流为对方做治疗。

优点：采取这个姿势为客户做软组织放松，锁定肌肉非常方便，同时还可以借助杠杆作用。

- 颈部软组织过度拉伸的可能性很低，因为拉伸时由客户自己控制拉伸动作。只需提醒客户，在舒适和无痛范围内拉伸肌肉，便可以保证脖子的安全，因此这是一种比较安全的拉伸方式。

缺点：许多客户由于这块肌肉的张力实在太高，对拉伸完全无法忍受。

- 为了确保拉伸效果，一定要向客户明确展示锁定肌肉以后，脖子的运动方向、路径和终点。
- 需确保每次锁定时，客户的脖子都处于中位，脸朝向正前方。

主动－辅助软组织放松

第1步： 客户采用坐姿，治疗师锁定其斜方肌上束。

第2步： 如图所示，保持锁定，要求客户侧屈颈部，直到客户感受到舒适的拉伸感为止。

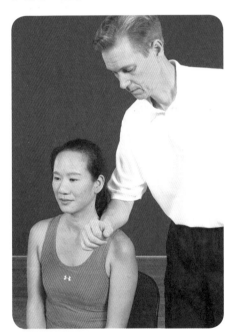 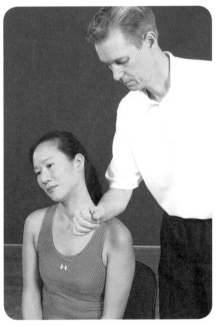

第3步： 重复3次，换另一侧重复上述操作。

优点： 采取这个姿势为客户做软组织放松，锁定肌肉非常方便，同时还可以借助杠杆作用。

- 颈部软组织过度拉伸的可能性很低，因为拉伸时由客户自己控制拉伸动作。只需提醒客户，在舒适和无痛范围内拉伸肌肉，便可以保证脖子的安全，因此这是一种比较安全的拉伸方式。

- 不断尝试，并与客户沟通和协作，你就能够改变肌肉的锁定方向，拉伸斜方肌上／中束不同肌纤维。

缺点： 注意不要压到骨性结构，比如锁骨和肩峰。

主动 - 辅助软组织放松

第1步: 客户采用坐姿,治疗师从背部正中的位置锁定其竖脊肌。照片中的治疗师选用指关节锁定竖脊肌。

第2步: 保持锁定,要求客户向前屈曲脖子。

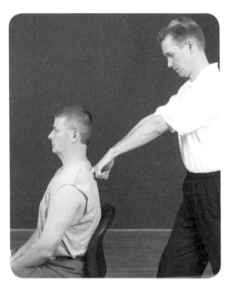 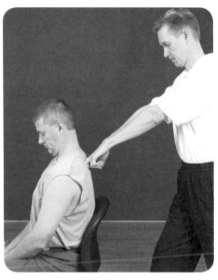

第3步: 放开锁定后,让客户抬头,距离第一个锁定点较高的位置重新锁定肌肉,客户再次屈曲颈椎并拉伸竖脊肌。不断往上移动锁定点。如果操作正确,随着锁定点逐渐上移,客户应该能够感受到拉伸感越来越强烈。

优点: 客户通常会发现这是一个比较舒服的拉伸,可以坐着完成。

缺点: 锁定竖脊肌有些困难,如图所示,对竖脊肌进行锁定时会导致客户的身体前倾,要求客户坐直并挺直上半身,往后用力并对抗治疗师的推力。

- 注意避免过度使用手指或拇指。

主动－辅助软组织放松

第1步：客户采用坐姿，治疗师用手指轻轻锁定客户的斜角肌。

第2步：要求客户的头部向另一侧身体转动，直到客户感受到斜角肌被舒适拉伸。

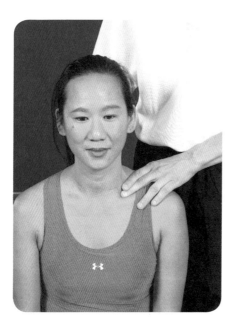 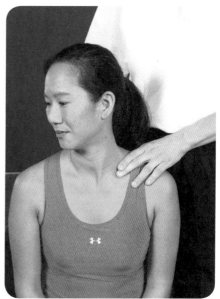

第3步：左右两侧斜角肌各重复拉伸3次。

优点：用这个姿势拉伸斜角肌，颈部软组织过度拉伸的可能性很低，因为拉伸时由客户自己控制拉伸动作。只需提醒客户，在舒适和无痛范围内拉伸肌肉，便可以保证脖子的安全，因此这是一种比较安全的拉伸方式。

缺点：需要不断尝试，才能避开颈部的血管组织并准确无误地锁定斜角肌。

治疗经验

　　我曾经定期为一名由于长途驾驶导致脖子和肩膀疼痛的司机做治疗，对他的斜角肌进行主动－辅助软组织放松。持续的治疗时间一般比较短，同时要求这名司机定期对自己的胸肌做主动拉伸，可以结合主动拉伸治疗脖子和肩膀的疼痛问题。

小问题

1. 治疗师对客户的菱形肌做被动软组织放松时，为什么客户的手臂要悬垂在治疗床一侧？

2. 对胸肌做主动 - 辅助软组织放松时，应该如何分散锁定肌肉的压力？

3. 为什么对肩胛提肌进行主动 - 辅助软组织放松是一种相对安全的放松方式？

4. 对斜方肌上束做主动 - 辅助软组织放松时，应注意避免按压到哪个骨性结构？

5. 给竖脊肌做主动 - 辅助软组织放松时，对竖脊肌锁定之后，客户需要伸展还是屈曲竖脊肌？

第 7 章

下肢软组织放松

本章讲述如何对下肢实施软组织放松。你可以通过本章了解下肢主要肌群被动、主动 - 辅助和主动软组织放松，并对比 3 种放松方式的不同之处。注意，并不是所有下肢肌肉群都可以用这 3 种放松方式（见表 7.1）。

表 7.1　可以对下肢肌肉进行软组织放松的类型

肌肉	软组织放松类型		
	被动	主动 - 辅助	主动
腘绳肌	✓	✓	✓
小腿肌群	✓	✓	✓
脚掌	–	✓	✓
股四头肌	–	✓	✓
胫骨前肌	–	✓	–
腓骨肌	–	✓	–
臀肌	–	✓	–
髂肌	–	✓	–

- **被动软组织放松**：被动软组织放松非常适合腘绳肌和小腿肌群的治疗。仅从技术角度来说，被动的软组织放松也可以用于脚掌、胫骨前肌和腓骨肌，不过，治疗师的手掌和拇指容易受伤。也可以用于股四头肌，但这会伤害到治疗师的脊柱。臀肌和髂肌不适合用被动的放松方式。因此，本章不讲述关于这些肌肉的被动放松。

- **主动－辅助软组织放松**：如表 7.1 所述，下肢所有肌肉都可以用主动－辅助软组织放松方式。不过，这并不意味着下肢每一块肌肉都应该实施主动－辅助软组织放松。而是应该不断尝试，找到更适合用主动－辅助软组织放松的肌肉群。

- **主动软组织放松**：对胫骨前肌、腓骨肌和臀肌进行主动软组织放松可以通过网球进行肌肉锁定。不过，实际的操作可能比较困难，也不像主动－辅助软组织放松那样有效。因此，本章不介绍以上肌肉的主动软组织放松。另外，根本不可能用主动的方式对髂肌进行软组织放松。

本章后续将详细说明如何实施下肢肌肉被动、主动－辅助软组织放松，并提供一些有助于你理解和掌握章节知识的小贴士。

被动软组织放松

第1步： 客户俯卧，屈曲膝关节并让腘绳肌被动缩短。沿坐骨附近锁定腘绳肌。锁定肌肉时朝坐骨方向按压腘绳肌，不要垂直向下按压。

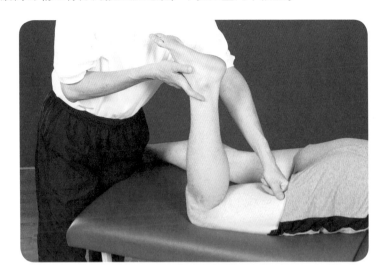

小贴士 应该提前向客户说明即将锁定的位置，有些客户会认为被按压坐骨是一种冒犯。

第2步： 保持锁定的同时，让客户缓慢伸展膝关节以拉伸腘绳肌。很多客户在这个部位感受不到太多的拉伸感。

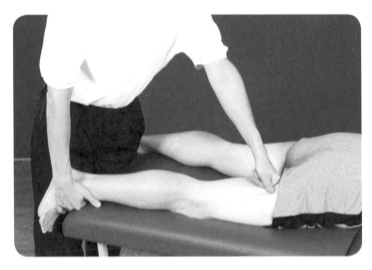

第3步：距离坐骨较远处选一个新的锁定点，可以考虑选大腿中线位置。

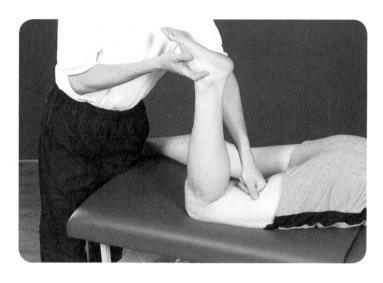

第4步：保持锁定，被动伸展膝关节以拉伸软组织。

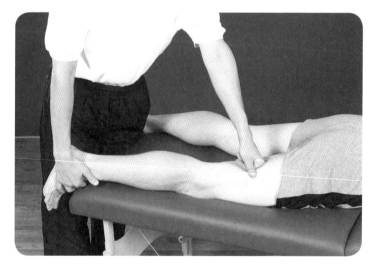

第5步：沿腘绳肌从肌肉近端到远端逐步向下移动锁定点，反复拉伸。不要按压腘窝。如操作正确，客户会感觉自己的腘绳肌有一个朝向肌腱方向的拉伸，且拉伸感越来越强烈。如果客户没有拉伸感，那么你需要做主动‐辅助软组织放松。

小贴士 软组织放松可以用于腘绳肌的柔韧性评估。从肌肉近端到远端移动锁定点时，注意感受肌肉的张力变化。能否判断肌肉哪个部分最紧：是股二头肌（外侧）或半膜肌和半腱肌（内侧）？

优点： 许多客户说自己的腘绳肌紧张。这种拉伸技术可以帮治疗师评估腘绳肌的柔韧性，并找到肌张力较高的部分。

- 俯卧位对腘绳肌进行被动软组织放松可以整合到下肢的整体按摩治疗。

缺点： 腘绳肌是块强壮而有力的肌肉，需要比较大的力气才能牢固锁定。用拳头锁定腘绳肌只是锁定方式中的一种，用前臂锁定会更牢固（在主动 - 辅助软组织放松中）。

- 用拳头锁定时，应确保腕关节在一条直线上，而不是让腕关节处于屈曲或伸展姿势。

- 用拇指锁定腘绳肌有一定诱惑力，这种锁定方式确实更好，但有可能伤害到治疗师的拇指。

- 肘部也可以锁定腘绳肌。但受杠杆的长度影响，用肘部锁定膝关节难以完成被动屈曲和伸展动作，且这个姿势需要治疗师向前倾斜上身，它不仅会让治疗师很不舒适还会导致脊柱更容易受伤。

主动－辅助软组织放松

第1步：客户俯卧，屈曲膝关节。治疗师让肘关节放在客户靠近坐骨附近的腘绳肌上，朝臀部按压腘绳肌，拉伸前先从腘绳肌较松弛的部分开始锁定。

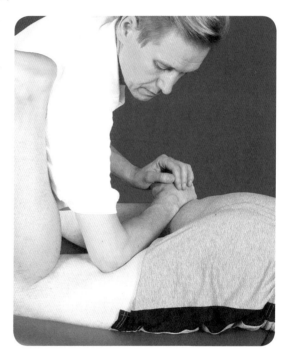

第2步：保持锁定，要求客户放下腿，搁在治疗床上。再松开锁定。

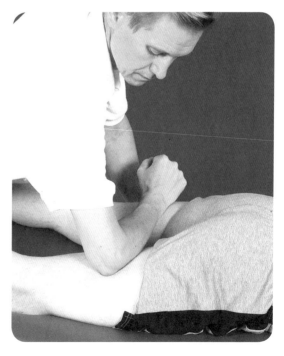

第3步： 在距离第一个锁定点较远的区域选一个新的锁定点。从坐骨位置逐步向下移动锁定点直至腘绳肌肌腱。不要按压腘窝。

优点： 治疗师可用前臂对肌肉进行锁定，它能强有力地锁定软组织。

- 膝关节手术或固定后对腘绳肌进行主动－辅助软组织放松可提升康复效率。客户主动屈曲膝关节，腘绳肌产生向心收缩，伸展膝关节，腘绳肌产生离心收缩。这种方法可以增加膝关节的活动度和提高腘绳肌的肌肉硬度。

- 注意：膝关节不必完全屈曲。比如，对膝关节置换手术的患者采用这种拉伸方式，让患者在无痛范围内屈曲膝关节，可增加膝关节活动度。

缺点： 让客户持续屈曲膝关节可能会导致腘绳肌痉挛。

- 在锁定客户的软组织时，治疗师尽量分开双腿维持自己的身体姿势，确保身体重心放在客户身体或治疗床上。随着实践次数的增加，做到这一点并非难事。

治疗经验

　　有一名舞蹈演员身体大部分软组织的延展性都非常好，但是腘绳肌很紧，我发现给她做主动－辅助软组织放松的效果特别好。根据客户的反应，找到肌张力较高的部位，并对其进行充分放松，有时结合精油按摩，有时不用。我发现主动直腿上抬这个动作根本无法测量出舞蹈演员腘绳肌的延展性，因为大部分舞蹈演员无论治疗前后，都可以直接把大腿贴到自己的胸上！

主动软组织放松

第1步： 仰卧，屈曲膝关节，缩短腘绳肌，拿一个网球放在腘绳肌上。

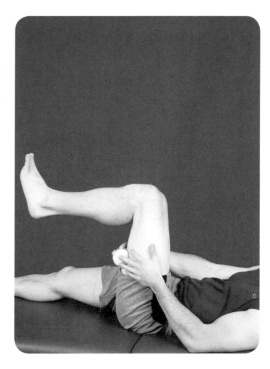

第2步： 双手十指紧扣并抱住网球，缓慢伸展膝关节。

　　第一个锁定点（用网球锁定）选在坐骨附近，逐渐向下移动锁定点直至膝盖附近。腘绳肌是一块很大的肌群，因此要沿着肌肉的边缘锁定肌肉并反复拉伸，以取得最大的拉伸效果。有时应该系统性地拉伸整块腘绳肌，可以从大腿外侧的股二头肌开始，由肌肉近端至远端（坐骨至膝盖）移动锁定点。当感觉到这块肌肉已经得到充分拉伸，再将锁定点移动到更内侧的位置，越过半膜肌和半腱肌，以同样的方法继续拉伸腘绳肌。

　　如果你所处的环境不方便仰卧（比如在办公室里），也可以采用坐姿方式。拿一个网球放在大腿下面，让网球位于大腿和椅子之间，然后伸直腿。需要注意，此时网球对腘绳肌的压力明显大于仰卧时的压力，可能会引起腘绳肌疼痛，这是因为采用坐姿时整条腿的重量都放在了网球上。

优点： 这种放松技术可以通过坐姿完成，因此，如果你是一位办公室工作人员，白天就可以用这套动作来治疗自己的腘绳肌。

缺点： 如果你的腘绳肌块头大且强壮，可能你无法施加足够大的力气来锁定它。

- 相反，通过坐姿方式对腘绳肌做主动软组织放松则可能导致锁定肌肉的力度太大，引起腘绳肌疼痛。

被动软组织放松

第1步：客户以俯卧位趴在治疗床上，双脚伸出治疗床外。

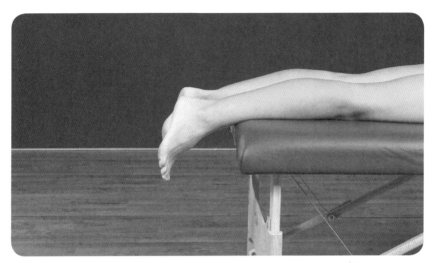

第2步：检查床尾是否存在可能会刺伤客户脚掌的突起物，确保客户在床尾可以背屈踝关节。轻轻向前推客户的脚掌，让客户的踝关节完成背屈，检查客户的踝关节是否有背屈能力。

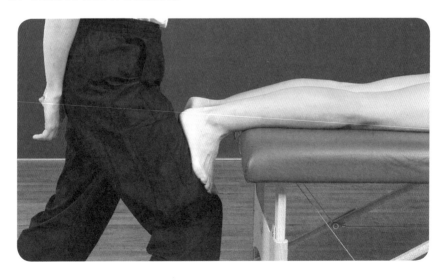

小贴士 用自己的大腿从中间或侧面背屈客户的脚掌，并找到客户拉伸感最强烈的角度。实施这种拉伸技术时，踝关节需要被动背屈。注意，此时治疗师需要调整推动客户的脚掌方向，以拉伸小腿肌群，而不是简单地向前推，使客户的整个身体在治疗床上移动。

　　一般在实施软组织放松之前，最好先微微缩短待拉伸的肌肉。小腿肌群的拉伸是一个例外，因此，此时客户的脚掌自然背屈，小腿肌群处于既不拉长也未缩短的自然长度。

第3步： 治疗师站在床尾，双手拇指一起按压客户的小腿肌群，在稍低于膝关节或小腿肌群的正中间锁定客户的小腿肌群。每次锁定时，压力是朝膝盖方向而不是垂直向下的。

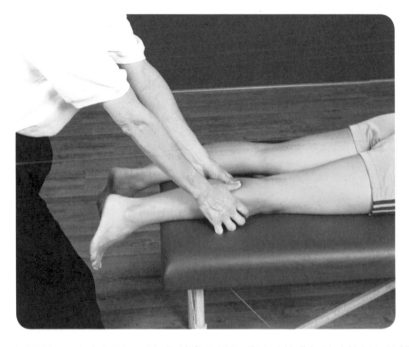

　　如图所示，治疗师用双手拇指锁定小腿肌群并对其进行被动软组织放松，在治疗师熟练掌握被动软组织放松技巧之前，用这种锁定方式也可以完成拉伸动作。不过，治疗师保护自己的四肢也是非常重要的，应该尽量避免让拇指过度使用。小腿肌群作为足底强壮的屈肌，也许可以采用特殊的锁定方式来放松小腿肌群。虽说通过拇指用力可以紧紧地锁定小腿肌群，但是最好不要这么做。一旦治疗师熟练地掌握拉伸技巧之后，就可以试着用肘部和前臂锁定。因为这样可以深深地压住并锁定小腿肌群；同时要注意客户的反应，不可用力过猛。

第4步：保持锁定，并用自己的大腿帮客户背屈踝关节。

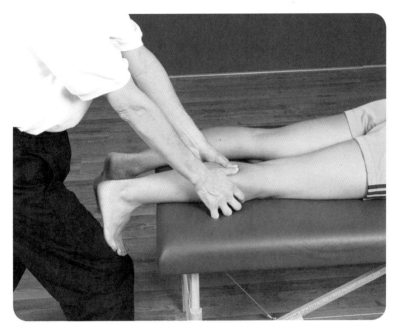

第5步：客户背屈踝关节后，治疗师立刻移开自己的大腿并用手指锁定小腿肌群，在距之前锁定点较远的位置选一个新的锁定点。

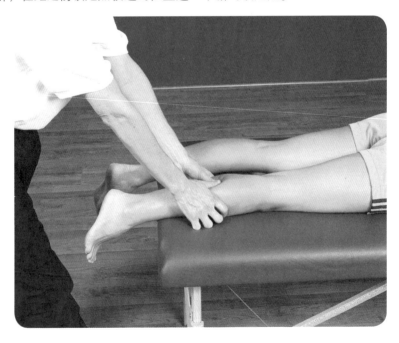

第6步： 让客户再次背屈踝关节。

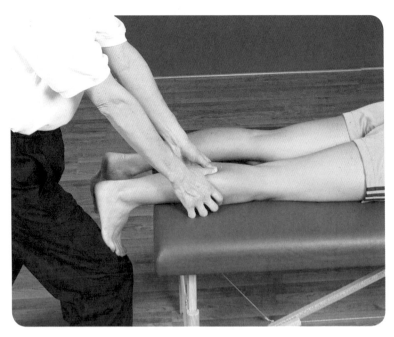

第7步： 客户背屈踝关节后，治疗师立刻移开自己的大腿并放开锁定点，在较远处选一个新的锁定点重新锁定肌肉。

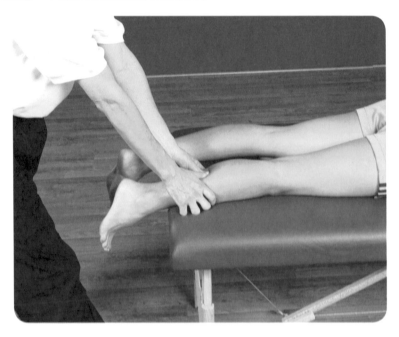

第8步：再次被动背屈客户的踝关节。

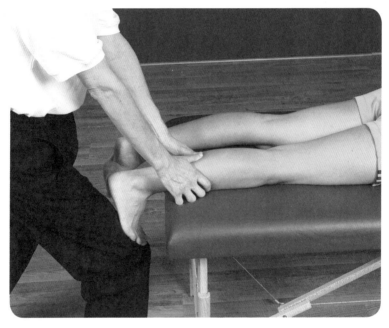

第9步：从肌肉近端往下移动锁定点直至跟腱处。反复拉伸小腿肌群，最多3次。

小贴士　位于人体最浅层的小腿肌群，是一种羽状肌肉，有两块肌腹。沿肌肉正中间完成软组织放松后，再移到侧面肌腹，用相同的方式拉伸。注意，很多客户小腿肌群侧边的肌张力明显较高，这条张力带有没有可能是位于腿侧和腿后肌间隔之间增厚的筋膜呢？

　　不管从小腿肌群的中间还是外侧或内侧进行软组织放松，关系不太大。每块肌肉大约进行3次软组织放松就能充分地拉伸肌纤维且增加关节的活动度。

优点：治疗师用大腿来背屈客户的踝关节，是除软组织放松之外另一种让客户感觉很舒服的拉伸动作。

- 可以将这种俯卧位的拉伸技术整合到下肢整体按摩治疗中。

缺点：需要治疗师注意的是，千万不要过度使用拇指。

- 不一定要让有块状肌肉的客户感受到拉伸感，因为想使这种客户有拉伸感需要让拇指使用超过安全的力才能达到理想的锁定力度。

主动－辅助软组织放松

第1步: 如图所示，客户呈俯卧位，治疗师用前臂或肘部锁定客户的小腿肌群。第一个锁定点放在膝关节下方的位置。注意不要按压腘窝。

　　注意，客户采用这个姿势时肌肉处于自然状态，因此客户不需要主动缩短肌肉。

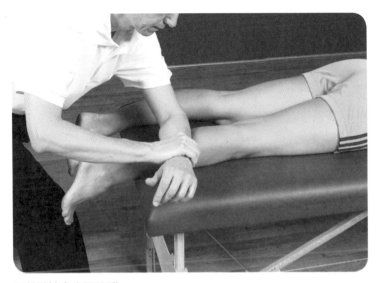

用前臂锁定小腿肌群。

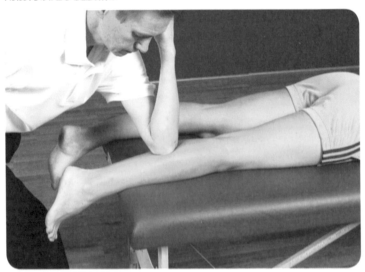

用肘部锁定小腿肌群。

第 2 步：保持锁定，要求客户勾脚趾，并让踝关节背屈。客户动作到位后，松开锁定，肘部移到下一个位置再次锁定。

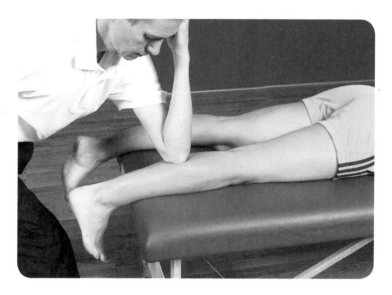

第 3 步：沿小腿肌群朝踝关节方向移动锁定点。反复进行拉伸、放松。沿肌肉边缘从近端到远端拉伸小腿肌群。最远至跟腱处，在跟腱处锁定并完成拉伸后，结束小腿肌群拉伸。

应严格控制对小腿肌群做主动 - 辅助软组织放松的时间，因为持续背屈脚掌和踝关节会造成胫骨前肌劳损。为跟腱受伤的客户做主动 - 辅助软组织放松时，客户不太可能忍着疼痛也要背屈踝关节，一般都在无痛的范围内完成背屈，因此一般不会由于过度拉伸而导致软组织受伤。

小贴士 治疗师应确保部分身体重心转移到客户或治疗床上。不寻找支撑点直接屈曲躯干会导致背部疼痛。

经医务人员许可后把这个拉伸技术作为跟腱手术后康复治疗的一部分，能极大促进跟腱的恢复速度。

优点：这个方法可以使你更牢固地锁定肌肉。

- 不用站在床尾意味着你可以通过不同的方式锁定肌肉。
- 客户通过被动软组织放松时的背屈度可能比自主背屈踝关节的幅度更大，因此可以感受到更强烈的拉伸感。

缺点：持续背屈踝关节必将导致胫骨前肌过劳。

- 治疗师身体前倾，用前臂或肘部锁定肌肉时，尽量避免腰椎屈曲，一定要将一部分的身体重心转移到客户身上或治疗床上。

主动软组织放松

第1步：如图所示，把小腿肌群放在一个小球上。

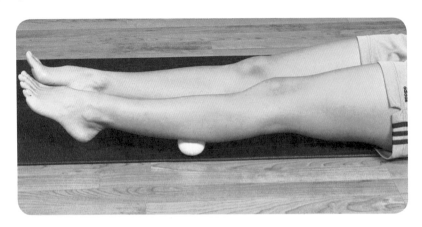

第2步：缓慢背屈踝关节。

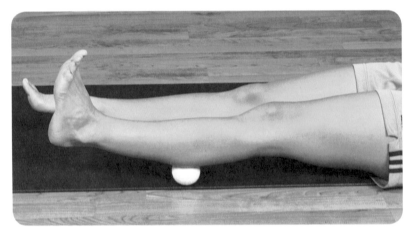

　　缩短小腿肌群一般需要脚掌屈曲。不过你会发现，当前这个姿势，可以让足底处于自然屈曲姿势。保持这个姿势把腿放在球上可能会比较困难，具体的困难程度取决于你小腿肌群的发达程度。还可以采用一种方式来锁定小腿肌群，就是将小腿肌群放在一个圆筒器具上，比如先在易拉罐上锁定肌肉，然后再拉伸。

优点：在紧急情况下用这个动作拉伸痉挛的肌肉非常有用。

缺点：这个拉伸动作对小腿肌群的压力非常大，有些客户可能无法忍受。

主动 – 辅助软组织放松

第1步：客户俯卧，双腿伸出治疗床外，踝关节自然背屈，治疗师用按摩工具轻轻锁定脚掌肌肉。

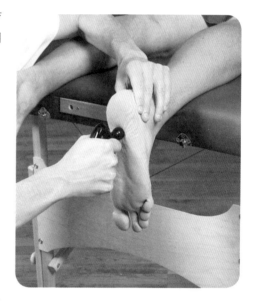

第2步：要求客户勾起脚趾，背屈踝关节，再伸展脚趾。每只脚掌只需拉伸数分钟。

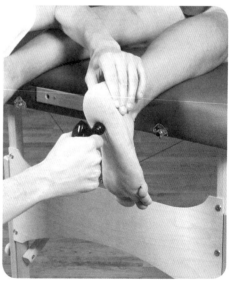

优点: 利用按摩工具可以保护自己的拇指。

- 可以将这个俯卧拉伸动作整合到下肢整体按摩治疗中。

缺点: 并不是所有客户都喜欢按摩工具的感觉。

- 必须避免过度锁紧肌肉。

- 可能难以借助杠杆作用。

治疗经验

　　有一位客户通过步行上班来减肥，当他把鞋子从训练鞋换成平底鞋之后，慢慢地发现脚掌开始疼。排除其他病理学变化之后，我为这名客户按摩了脚掌和小腿肌群。为了牢固锁定，我们采用按摩工具来锁定客户的软组织，这名客户很享受脚底的按压感。

主动软组织放松

第1步: 患者采用坐姿,自然屈曲踝关节,脚掌放在网球或带刺的治疗球上。

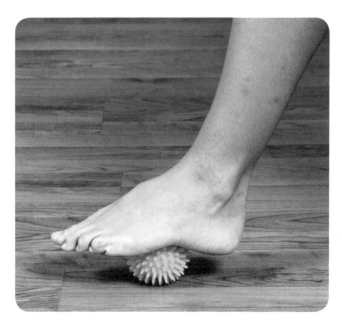

第2步: 慢慢伸展脚趾,并背屈踝关节。

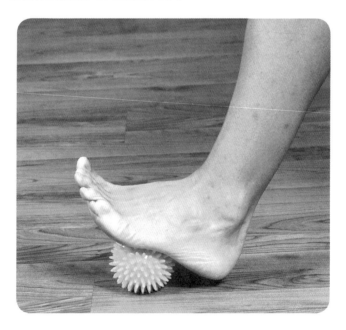

第3步：让小球沿脚掌移动，找到肌张力较高的和能从拉伸中获得最大收益的筋膜。

注意，这个拉伸动作不需要软组织缩短。需要背屈脚趾，很多人发现背屈脚趾会出现足底痉挛。

对脚掌做软组织放松可以刺激血液循环，据报道，这种方法可以缓解足底筋膜炎患者的疼痛。需要长时间站立，或者仅仅只是想在跑步或步行后放松足底筋膜的客户，都特别适合做这个拉伸动作。这个动作还可以有效减轻脚掌肌肉痉挛。

小贴士 足底肌肉放松对小腿肌群的治疗也有帮助，因为有一部分小腿肌群（比如拇长屈肌）延伸到了脚趾部位。有时候拉伸小腿肌群也有助于缓解脚掌的疼痛。

优点：这种主动软组织放松技术可以快速满足长时间站立或需要缓解脚掌肌肉痉挛的客户对脚掌的放松需求。

- 所用按摩工具容易携带。

缺点：注意不要长时间站在球上，避免过度使用。

治疗经验

有一位在部队服役的客户，右侧脚掌患有足底筋膜炎，这名客户希望找到一种方法使自己的脚掌痊愈，因为他发现自己的左侧脚掌也出现类似症状。他担心主动－辅助软组织放松会很疼，希望可以自己做主动软组织放松。这名客户通过高尔夫球而不是带刺的治疗球来锁定肌肉，成功运用主动软组织放松对自己的足底实施放松，前后持续数周。并且还通过对小腿肌群做深层按摩，消除了与之相连的筋膜的张力，缓解了跟骨的压力，同时也消除了可能存在的足底筋膜压力。

主动－辅助软组织放松

第1步： 客户采用坐姿，伸展膝关节，由治疗师锁定客户的股四头肌。

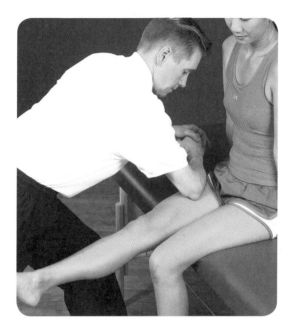

第2步： 保持锁定，同时让客户屈曲膝关节。

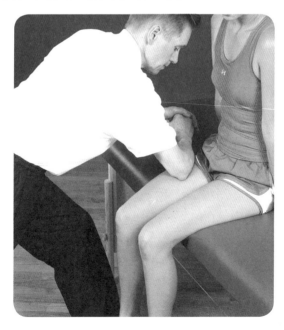

第 3 步：膝关节一旦屈曲后，立刻放开锁定。在较远端的位置选择一个新的锁定点。沿股四头肌从髋部一直向下移动锁定点，反复拉伸股四头肌。

注意，拉伸软组织不需要客户完全屈曲膝关节。尝试锁定股外侧肌和股直肌，寻找张力较大的部位。

这个拉伸动作特别适合治疗由于股四头肌张力过高而引起的膝前区疼痛。小心地将锁定点移动到更远的区域，因为随着拉伸时的作用力逐渐明显，对膝盖的压力也在逐渐加大。

小贴士 你也可以用左臂锁定客户的右侧股四头肌，完成这个拉伸动作。不过，客户和治疗师双方可能都会觉得这个姿势有一点儿不礼貌。

优点：你锁定肌肉的区域很宽，所以你的锁定力会很强大。

缺点：客户和治疗师双方可能都会觉得这个姿势有一点儿不礼貌。

- 注意不要为了拉伸而让身体的姿势出现不稳定。尽量让双脚分开且保持身体稳定，不要在身体没找到支撑点的情况下向前弯腰。

利用网球做主动软组织放松

第1步： 患者俯卧趴在垫子上，取一个网球放在大腿下面，伸直膝关节。

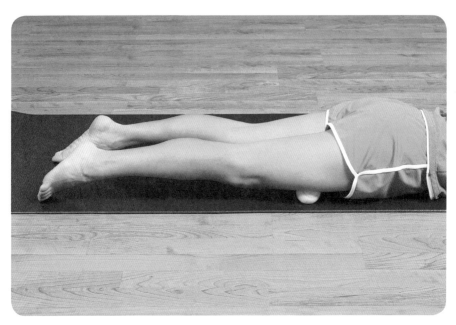

第2步： 患者自主屈曲膝关节。

尝试用网球按压大腿的各个部位，注意感觉哪个部位的拉伸感最强烈。首先把球放在靠近髋部的大腿处；然后逐渐朝膝盖方向移动。从股外侧肌到股内侧肌有序地移动锁定点，全面拉伸股四头肌。

优点： 如果发现针对股四头肌的拉伸训练不能对特定部位进行充分拉伸，可以用这个操作来拉伸特定的部位。例如，把球放在大腿外侧可以专门拉伸股外侧肌。

缺点： 并不是所有客户做这个姿势都会感到舒服。这是一种强有力的软组织放松方式，对于有些客户来说可能会不太舒服。

在这个拉伸动作中，整条腿的重量都放在网球上，有些人可能会觉得不舒服。作为替代方法，可以在坐姿下伸展髋关节，用按摩工具锁定肌肉。

患者坐在椅子上或治疗床的边上对股四头肌做主动软组织放松的步骤如下：伸展膝关节，用四角按摩器（参见 17 页）锁定股四头肌，然后保持锁定，缓慢屈曲膝关节。在肌肉的不同位置锁定肌肉，反复拉伸。

主动－辅助软组织放松

　　这个操作需要治疗师锁定客户的胫骨前肌。有时候客户可以仰卧。不过为了更好地锁定胫骨前肌，照片中的客户采取侧卧姿势，并且用一个长枕头支撑腿部。注意，照片中的治疗师左手放在治疗床上，支撑自己的身体，以避免腰部拉伤。

第1步： 要求客户勾起脚趾，找到胫骨前肌。在客户踝关节背屈时锁定胫骨前肌。胫骨前肌是一种束状肌肉，照片中的治疗师选择用自己的肘部轻轻锁定它。

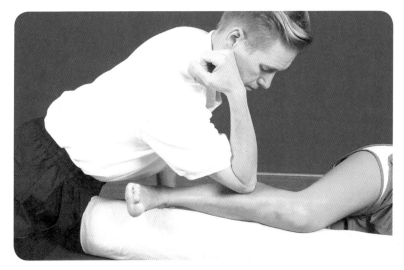

第2步： 保持锁定，要求客户绷直脚趾。

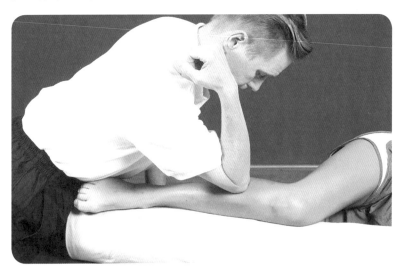

第3步： 客户的脚趾一旦绷直，立刻松开锁定，在距离第1个锁定点稍远处选一个新的锁定点。在客户踝关节背屈时进行锁定并对肌肉进行拉伸，只要客户能感觉到比较舒适的拉伸感，就可从肌肉近端至远端逐步移动锁定点，拉伸肌肉。

小贴士 胫骨前肌的稍远端就是肌腱，因此没有必要沿胫骨前肌移动锁定点直至踝关节；而且这么做会引起客户不适，因为胫骨前肌位于胫骨外侧。

优点： 对这个肌群做被动或主动软组织放松都极其困难。

- 一旦你有信心在客户仰卧时准确找到胫骨前肌，就可以把主动－辅助软组织放松整合到仰卧客户的按摩疗程中。

缺点： 如果用拇指锁定肌肉，可能会导致拇指受伤。

- 用肘部锁定肌肉时，应注意避免压力过大。

治疗经验

我曾经用主动－辅助软组织放松结合精油按摩来治疗客户的胫骨前肌。这名客户为了戒烟开始跑步，他认为自己可以刻苦地训练，因此每天都跑步，但持续三周之后由于胫骨前肌疼痛而不得不中止跑步计划。排除应力性骨折之后，我们为这名客户每周实施2次软组织放松和轻柔按摩，共持续3周。经过一段时间的按摩和休息，这名客户最后又可以重新开始慢跑了。

主动－辅助软组织放松

第1步： 客户侧卧，要求客户外翻脚掌（做一个示范动作帮助其理解）。锁定此时处于缩短状态的肌肉。为方便展示，照片中的治疗师选择用双手拇指锁定肌肉。作为替代办法，你可以用肘部锁定，注意控制力道，避免挫伤腓骨肌。

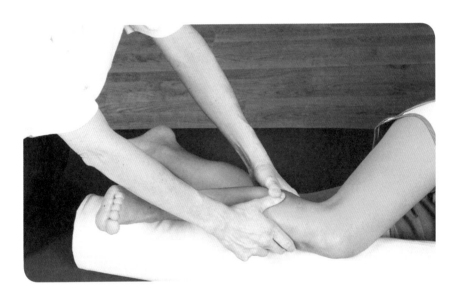

第2步： 保持锁定，同时要求客户内翻脚掌（你可以先向客户示范一下脚掌内翻动作，然后请客户"向内侧转动"脚掌，而不用"内翻"这个词）。

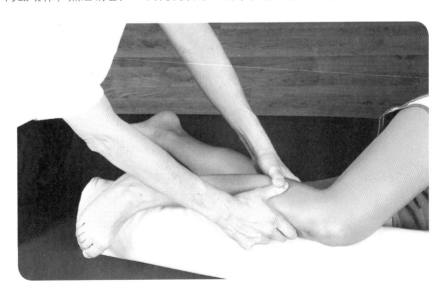

第3步：只要客户表明有拉伸感，并且这种拉伸感比较舒适，就可以沿肌肉从近端到远端移动锁定点，逐段拉伸肌肉。

小贴士　有扁平足的客户一般会出现腓骨肌紧张，这类客户做这个拉伸动作的收益比较大。

优点：主动－辅助软组织放松是最适合这块肌肉的放松方式，因为对这块肌肉做被动或主动软组织放松都非常困难。

缺点：如果过度使用拇指，这套拉伸动作会造成拇指损伤。

- 用肘部锁定肌肉时，不要施加太大的力气。

主动－辅助软组织放松

第1步： 客户侧卧，髋部处于自然姿态，用你的前臂（靠近肘的部位）在臀肌上方朝骶骨方向用力按压并锁定臀肌。

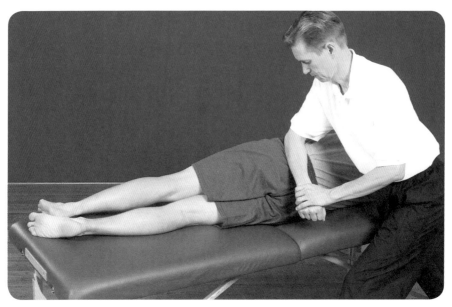

第2步： 保持锁定，同时要求客户屈曲髋关节（也可以要求客户上抬膝关节至胸部）。

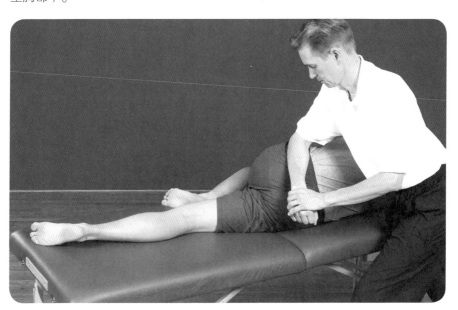

第3步： 沿拉伸效果最明显（根据客户的感觉决定）的肌肉边缘移动锁定点，反复进行逐段拉伸，持续数分钟。

小贴士 对臀肌实施主动－辅助软组织放松是一项极具挑战性的工作，需要经过反复尝试，才能找到正确锁定肌肉的位置。不过，随着实践经验的累积，你会很容易找到更需要拉伸的部位，锁定这个部位的时候，拉伸度最大。

优点： 对臀肌而言，主动－辅助软组织放松是最好的方式，因为对这块肌肉做被动或主动软组织放松都很困难。

缺点： 肌肉锁定操作非常具有挑战性，很难找到正确的肌肉锁定点。

主动－辅助软组织放松

    这个拉伸动作特别适合髋屈肌张力较高的客户。在实施拉伸前，应征得客户同意，并告诉客户你打算把手放在哪里，这一点非常重要。

第1步： 客户侧卧，屈曲髋关节，治疗师在回肠位置前面锁定髂肌。

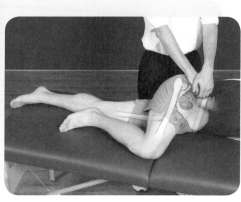

第2步： 保持锁定，要求客户伸直双腿，这个动作会带动髋关节同时伸展。

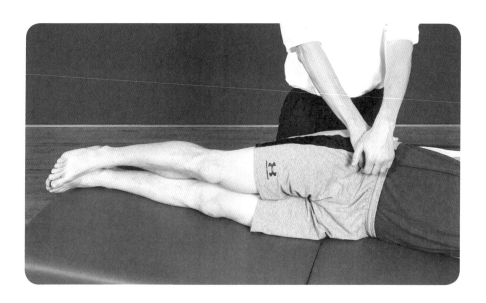

　　待拉伸肌肉体积较小，因此同一个地方可能会锁定多次，或者锁定点之间的距离只有1厘米。照这样拉伸3次通常就可以释放髋部的张力。

　　如果客户要求增加拉伸的力度，不增大手指锁定力，而应该要求客户在拉伸即将结束时伸髋。可以要求客户在拉伸即将结束时髋部向前顶治疗师的手指。

小贴士　锁定这个部位可能不是那么容易。对此也有一个办法，就是要求客户自己把手放在这个部位，然后你再压在客户手上。除此之外，还可以取一条对折成四分之一大小的毛巾，隔着这块毛巾按压以锁定肌肉。

优点：主动－辅助软组织放松最适合这个部位，因为对这个部位实施被动或主动软组织放松都极其困难。

- 侧卧时，腹部内的脏器往下沉，因此，客户侧卧比仰卧更安全。

缺点：这个拉伸动作需要用很大的力才能握住肌肉。

- 待拉伸部位难以锁定。
- 有些客户可能会觉得这个动作有些冒犯。

治疗经验

　　一名办公室清洁工因为腰部疼痛前来治疗。检查显示该客户髋屈肌非常紧。客户需要频繁地跪着干活，髋关节几乎完全屈曲，导致其髋屈肌变短，腰椎拉伤。在用一个小型骨架向她解释了拉伸流程之后，我隔着衣服为她做软组织放松，帮她拉伸髂肌，共拉伸4周，并教给她对髋部做主动软组织放松的方法。

小问题

1. 为腘绳肌做软组织放松时，应注意避免锁定哪个身体结构？

2. 对小腿肌群做被动软组织放松时，为什么要用治疗师的大腿背屈客户的踝关节？

3. 对脚掌做主动软组织放松时，应该站在球上吗？

4. 对腓骨肌做软组织放松时，哪类客户的拉伸感特别强烈？

5. 治疗髂肌时应采取什么姿势——俯卧、仰卧还是侧卧？

第 8 章

上肢软组织放松

本章讲解如何对上肢实施软组织放松。主要以对比的形式，介绍如何对上肢的主要肌群实施被动、主动－辅助和主动软组织放松。同样要注意，并非所有上肢肌肉群都可以做这 3 种形式的软组织放松（具体参见表 8.1）。

表 8.1　可以对上肢肌肉进行软组织放松的类型

肌肉	软组织放松的类型		
	被动	主动－辅助	主动
肱三头肌	✓	–	✓
肱二头肌	✓	–	✓
手腕及指伸肌	✓	✓	✓
手腕及指屈肌	✓	✓	✓

- **被动软组织放松**：被动软组织放松可用于上肢所有的肌肉。
- **主动－辅助软组织放松**：主动－辅助软组织放松适合腕屈肌和腕伸肌。从技术上来说，主动－辅助软组织放松也可以用于肱二头肌和肱三头肌，不过，这两块肌肉用非常小的力就可以锁定，因此通常用被动或主动软组织放松来拉伸。为此，本章不介绍上述肌肉的主动－辅助软组织放松。
- **主动软组织放松**：主动软组织放松可用于上肢所有的肌肉。

本章后续将详细说明对上肢肌肉做被动、主动－辅助或主动软组织放松的具体流程，同时还提供了一些可以帮助你掌握软组织放松实施技术的小贴士。

被动软组织放松

第1步： 客户俯卧，确保客户的肘关节可以自由屈曲。被动伸展客户的肘关节，缩短肱三头肌。治疗师将手放在肱三头肌起点附近以锁定肌肉，朝肩膀方向按压肱三头肌。

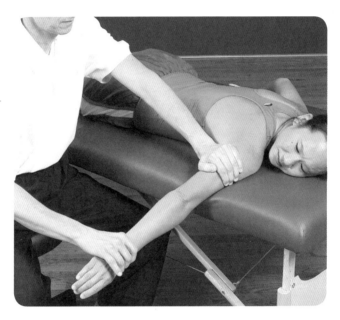

第2步： 保持锁定，缓慢屈曲客户的肘关节。

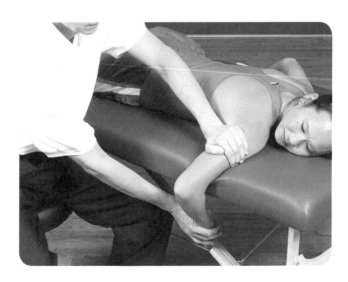

第3步: 松开肌肉锁定,伸展肘关节,在比之前更远的地方找一个新的锁定点。从肩膀向肱骨远端移动锁定点,逐段拉伸。随着锁定点移动到肘部,客户将感受到更加强烈的拉伸感。

优点: 这个拉伸动作比较容易实施,因为拉伸肱三头肌不需要很大的锁定力。

- 通过设置特定的锁定点,可以有针对性地拉伸肌肉的特定部位。
- 因为这套拉伸操作客户可以在俯卧位实施,所以相对比较容易整合到整体按摩治疗中。

缺点: 你可能需要移动客户的身体,确保客户的手臂完全放在治疗床上。

主动软组织放松

第1步：一只手臂往前伸展，另一只手抓住肱三头肌。

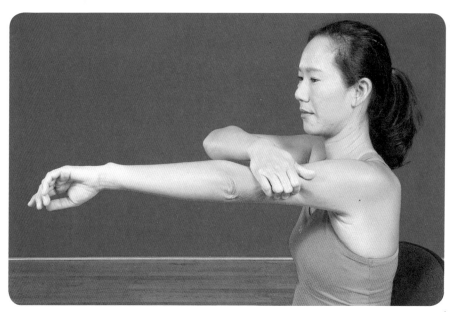

第2步：抓住肱三头肌的手要持续抓住肌肉，缓慢屈曲肘关节。

　　有些人肱三头肌没有拉伸感。不过，需要肘关节长期参与活动或反复屈曲（比如网球）之后，大多数人肯定能够感受到肱三头肌的拉伸感。经常通过伸展肘关节来为客户做按摩的治疗师可以在治疗间隙为自己的肱三头肌做主动软组织放松。

优点： 这是一个比较容易实施的拉伸动作。

缺点： 主动锁定小块肌肉比较困难，因此，锁定肌肉特定部分进行拉伸是一项富有挑战性的工作。

　　　■　向肩膀方向按压肌肉可以锁定较松弛的肌肉部分，更好地拉伸肌肉。但是，鉴于肱三头肌的位置，主动朝肩膀方向压比较困难；因此，肱三头肌主动软组织放松的效果不如被动软组织放松的效果好。

被动软组织放松

第1步： 客户仰卧，被动屈曲肘关节，治疗师一只手放在客户肱二头肌上，朝腋窝方向按压，轻轻锁定肱二头肌，锁住较松弛的肌肉部分。

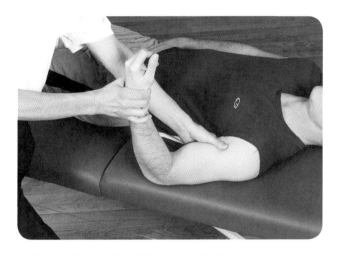

第2步： 保持锁定，同时缓慢伸展客户的肘关节。

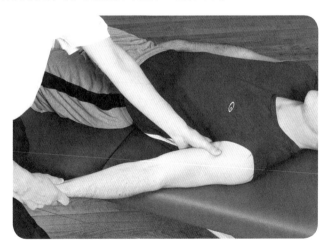

第3步： 从肩关节肌肉近端附近向肘关节移动锁定点。避免按压肘窝。

优点： 肱二头肌不需要太大的锁定力，因此这是一个比较容易实施的拉伸操作。

- 可以让客户在仰卧位做这套动作，因此这套动作相对比较容易整合到整体按摩治疗中。

缺点： 肱二头肌的体积较大块且其形状是圆柱形，因此不容易锁定。

主动软组织放松

第1步：一只手的肘关节屈曲，另一只手轻轻抓住肱二头肌。

第2步：保持锁定，同时缓慢伸展肘关节。

任何需要长时间或反复进行肘关节屈曲的活动之后，对肱二头肌做软组织放松会感觉非常舒服。此类活动包括划船、挖掘或搬运等。

优点：这是一种比较容易实施的软组织放松。

缺点：对小块的肌肉实施主动锁定会比较困难，因此锁定并拉伸肌肉特定部分是一项富有挑战性的工作。

- 朝肩膀方向施压并锁住较松弛的肌肉部分比较难，因此拉伸的效果会受到一定程度的影响。

被动软组织放松

第1步: 缓慢伸展客户的腕关节,在客户手臂侧面轻轻锁定手腕及指伸肌肌腹。

第2步: 保持锁定,缓慢屈曲客户的腕关节。

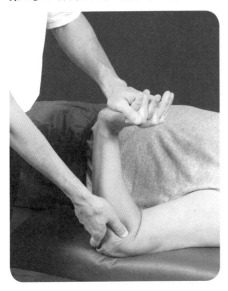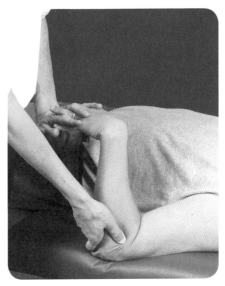

第3步: 从肘部开始往下移动锁定点,直至手腕。

小贴士 肌腹锁定后,要求客户主动伸展腕关节,同时另一只手触诊拉伸部位,可以感觉到手腕及指伸肌正在发生收缩。

治疗经验

结合手腕及指伸肌被动软组织放松和上肢整体按摩对一名因为打网球而患有外上髁炎(网球肘)的客户进行治疗。并向她展示如何在治疗期间做主动软组织放松以及自我按摩。同时建议她不要在打网球前做主动软组织放松,因为这么做会削弱握力。

优点: 因为可以在仰卧位对客户做这套动作,因此这套动作比较容易整合到整体按摩治疗中。

- 只需很小的压力就可以锁定肌肉。

缺点: 第一次做这套拉伸动作时想找到不妨碍手腕伸展和屈曲的锁定点比较难。

- 因为客户在仰卧位,所以要找到杠杆力帮你锁定肌腹并不容易。

主动－辅助软组织放松

第1步: 要求客户伸展腕关节并借机找到客户手腕及指伸肌然后对其进行锁定。

第2步: 保持锁定, 要求客户屈曲腕关节。

第3步: 沿肘部侧面的肌腹移动锁定点, 逐段拉伸肌肉。

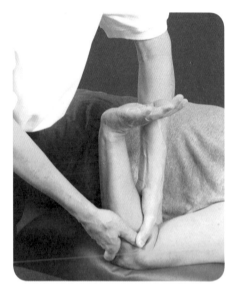
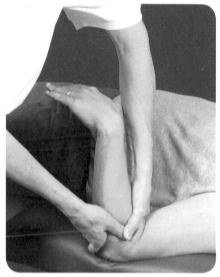

小贴士 这套动作对于治疗患有外上髁炎等身体有类似症状的患者非常有益, 对需要腕关节反复伸展的客户, 比如网球运动员也非常有益。不过, 这套动作需要客户主动伸展腕关节, 可能会造成腕伸肌劳损。

优点: 可以让双手拇指一起用力, 轻轻加大锁定力度。

- 为进行被动软组织放松时感受不到拉伸感的客户实施主动－辅助软组织放松很有用。

缺点: 由于客户在仰卧位, 可能很难借助杠杆力帮助你锁定肌腹。

主动软组织放松

第1步： 找到你的手腕及指伸肌的肌腹，它们就在前臂侧面的后端，伸展腕关节，同时轻轻锁定肌腹。

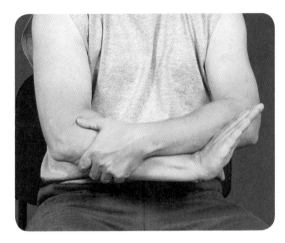

第2步： 保持锁定，同时缓慢屈曲腕关节。

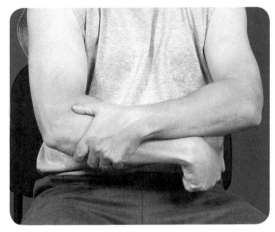

第3步： 从手腕伸肌近端（靠近肘关节）向远端（手腕附近）移动锁定点，逐段拉伸。

小贴士 朝肘部方向而不是垂直向下用力锁住肌肉，拉伸效果会更好。这个拉伸操作对打字员尤其有用，对于患有网球肘的客户，或者需要携带重物而握紧手指的客户，都特别有用。

优点： 这是一个相对比较容易实施的软组织放松。特别适合治疗师在为客户提供治疗时用来放松自己的前臂。

缺点： 应注意避免过度挤压拇指。

被动软组织放松

第 1 步：要求客户屈曲腕关节。轻轻锁定腕屈肌起点。

第 2 步：保持锁定，同时缓慢伸展客户腕关节。

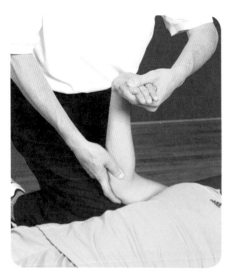 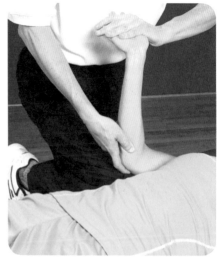

第 3 步：沿前臂从肌肉近端 (肘部) 到肌肉远端 (手腕) 移动锁定点，逐段拉伸。

小贴士 为了找到肌腹，可以要求客户主动屈曲腕关节，同时用手触诊屈肌部位。此时发生收缩的肌肉就是手腕及指屈肌肌腹。

小贴士 你会发现靠近该肌肉的起点附近先锁定肌肉再拉伸肌肉的感觉会比较好，因为此部位的肌肉靠近前臂肌腱。按压前臂前侧的肌肉对于某些客户来说可能不是那么舒服。

优点：这套动作可以在客户处于仰卧位的时候使用，因此这套动作比较容易整合到整体按摩治疗中。

缺点：初次通过这个动作实施肌肉锁定时想找到不会妨碍腕关节伸展或屈曲的合适角度比较困难。

- 为了充分拉伸手腕及指伸肌，手指指关节和腕关节最好都处于照片所示的伸直状态，但若你只用一只手，这个动作会非常困难。

主动－辅助软组织放松

第1步：要求客户屈曲腕关节，找到手腕及指屈肌，在肌腹处锁定肌肉。

第2步：保持锁定，要求客户伸展腕关节。

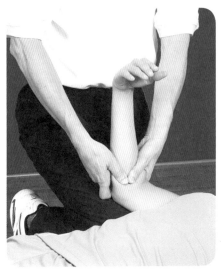 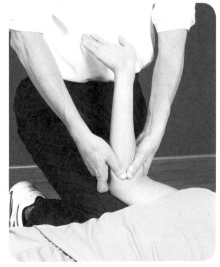

第3步：沿肌腹移动锁定点，重复锁定—拉伸—锁定—拉伸步骤。

优点：可以双手拇指一起用力，稍微加大肌肉的锁定力。

- 为那些进行被动软组织放松时感受不到拉伸感的客户实施主动－辅助软组织放松很有用。

缺点：由于客户处于仰卧位，可能很难找到杠杆力帮助你锁定肌腹。

主动软组织放松

第1步： 屈曲腕关节和手指关节，用另一侧手接触手臂的前侧，找到手腕及指屈肌肌腹。最后应该可以在前臂内侧找到屈肌肌腹。保持腕关节屈曲，轻轻朝肘部方向用力按压以锁定肌肉。

第2步： 保持锁定，缓慢伸展腕关节。

第3步： 从肘部向腕关节移动锁定点，逐段拉伸。

小贴士 当锁定点移到肌肉远端时应减小锁定力。因为前臂的前侧有较多的肌腱，还有很多神经和血管，不能过度按压。

　　这项练习特别适合打字员，因为打字员需要不停地屈曲指关节；还有驾驶员，因为驾驶员常年握着方向盘，需要反复用到手腕及指屈肌；还适用于患有高尔夫肘的高尔夫球员。经常用揉捏法为客户服务的按摩治疗师也可以在服务间隙用这套动作放松自己的前臂。

优点： 这是一种相对比较容易实施的拉伸方法。特别适合治疗师利用工作之余放松自己的前臂。

缺点： 需要注意避免过度挤压拇指。

治疗经验

　　我经常在提重物之前，或者为治疗床上的客户服务之前为自己的手腕屈肌做这个软组织放松。包括撰写本书时，我也会在打字的间歇为自己做这套拉伸动作。

小问题

1. 肱三头肌在什么情况下特别容易感受到拉伸感？
2. 客户应采取什么姿势接受肱三头肌被动软组织放松？
3. 对腕伸肌做主动软组织放松时，腕关节最开始应该伸展还是屈曲？
4. 对腕屈肌做主动－辅助软组织放松时，是从手肘附近还是从手腕附近开始锁定肌肉？
5. 举出 3 类可以从腕屈肌软组织放松中获益的客户群？

第四部分

软组织放松方案

本书这个部分讲述关于客户沟通流程的所有相关信息，给出了你也许能够用到的各种初始问题，并提供某些治疗师采用的记录文档。阅读不同问询表格后面的原理，并对比两个迥然不同的案例信息，可以看到如何使用各种数据制定治疗方案。尽管为了满足监管机构和保险商的要求，治疗师会用到各种不同的问询表，不过，本书提供的问询表都是实用的案例。与你自己的问询表相比，这些问询表怎么样？你是否也问过类似于本书列举的初始问题？你有没有用身体地图，或者视觉模拟疼痛量表？总之，这部分不是规范和要求，而是描述与介绍，旨在教你如何形成一套治疗方案。帮助你将软组织放松整合到自己的治疗计划中，必要时，你可以根据本章内容修改问询过程的不同部分。

第 9 章

制定软组织放松方案

　　每一名治疗师应该都知道和客户沟通的重要性。治疗师需要通过与客户的沟通了解客户前来寻找帮助的原因以及客户想要实现的治疗目标。可以用各种形式的表格或文件记录客户的相关身体信息，包括身体地图，治疗师（或者客户）在图上相关部位标出具体症状，并写下根据评分量表评出的疼痛值、肌张力较高或任何其他感觉异常的剧烈程度。大多数管理机构和保险代理人都坚持主张：作为治疗师不仅仅要详细记录治疗相关详情，还应记录客户同意做的特殊治疗项目，以及我们确认所采取的治疗与客户病历不存在禁忌关系的推理步骤。看到这里的大多数人对这些要求应该都不陌生，能够理解这么做无论对治疗师还是对客户都是有益的：这些记录无论对治疗师还是对客户都是一种保护，同时也是治疗师专业性的一种证明和保证。不过，如果能够对隐藏在每一个表格或记录后面的基本原理进行一番探究的话，也许你的收获还远不止这些。如果你是一个刚取得资质的治疗师，或者您从事的是身体训练，而不是按摩，并且有兴趣进一步深入学习这些你已经很熟悉的各种咨询和表格之间的相同点与不同点，这么做对你的帮助更大。

　　我们首先来讨论当你第一次接触一位客户的时候你可能会问到的一些问题。你可以通览这些问题，然后把已经问过的问题标记出来，把没有问过的新问题也挑出来。然后，我们再来看客户的身体地图和视觉模拟疼痛量表（VAS）中这两个信息的录入结果。还可以思考姿势评估的价值，并思考有时候要进行关节活动度（ROM）和其他特殊测试的原因。最后，我们来探讨两个案例研究，学习如何收集最终会影响治疗计划的信息。我们还会提供这些信息中某种信息的完整文件，并总结其他信息记录文件。

到本章结束，你会发现一些希望在自己的问诊中添加的内容；或者你终于可以根据本章末的内容，从书上确认自己当前的问诊方案是否充分。无论如何，通过本章学习，都可能增加你实战软组织放松的信心和勇气，使你能够为自己和家人、朋友，当然还有客户提供软组织放松服务。

初始问题

初始问题是客户沟通的一部分。图 9.1 中列举的初始问题可以帮助治疗师发现治疗原因，并从中得到应该用哪种方式开展软组织放松的提示，软组织放松是否会有效果，是否应该使用软组织放松。有些治疗师喜欢提具体问题，并记下客户的回答；还有些治疗师倾向于让客户大略讲述前因后果，然后从中攫取有用的信息并记录为问题的答案。开放性的问题可以引出更多信息，所有治疗师都应该尽量问开放式的问题，而不要问是非问句。还有一个好建议，那就是尽量用客户的原话记录问题答案，避免问有导向性的问题。比如，问客户"哪里疼"，这个问题就有一定的诱导性，这名客户可能根本没有什么地方疼，只是感觉身体某部位的软组织肌张力较高或者延展性受限。

毫无疑问，提问是一个技术活，是咨询中最重要的一环——有效的提问设定了基本的情景，客户在这个情景设置下回答问题。要让客户足够放松，尽量没有遗漏和偏差地告诉你事情原委，同时，作为一名治疗师，要有足够的信心在有限的时间内从客户的描述中找到和发现问题，并且不让客户感觉太过匆忙，怀疑你在应付他们。你可能已经发现，用这些初始问题可以建立你和客户之间良好的专业服务关系：满怀同情心地问这些问题，可以为你赢得客户的信赖，拉近你们之间的距离，反之，唐突、匆忙或随意地提问题，会使客户对你敬而远之。

如果客户给出的信息量很大，最好在问完初始问题之后，根据你的理解对客户提供的全部信息进行总结，并陈述给客户听，比如像这样："这么说，你的腿以前一点问题都没有，1 个月以前，你开始慢跑，然后发现大腿前侧开始疼痛，并且疼痛还在加剧。这种疼痛感在你站立或坐下的时候都比较明显，但是经过一段时间的休息，又会在 24 小时之内消失。你按照一本跑步教科书上的运动前拉伸进行了拉伸，结果大腿前面疼得更厉害了。"这样客户就可以及时指出记录中的任何偏差。这种偏差可能是由于客户描述不清或者你理解错误导致。还有一些时候，通过听你的叙述，客户会想起此前忘记讲述的信息，这种情况是很常见的——"哦，其实我大腿被踢过一脚。不过，那都是很多年以前了。我都快忘记了！我当时在踢足球，大腿被别人一脚踢中。当时没有出血也没有其他问题；只是大腿有一块很大的瘀青，不过没多久就消退了。这个跟我今天腿疼会不会也有关系？"

初始问题

客户姓名：	日期：

1. 请问有什么需要我帮忙?

2. 你说的不舒服是哪里不舒服?

3. 什么时候开始的?

4. 是什么原因引起的?

5. 这种感觉有好转，还是更厉害了，或者和最开始时完全一样?

6. 有没有什么动作、姿势会加剧这种不适感?

7. 有没有发现怎么做感觉会好一些?

8. 之前针对这个问题治疗过吗? 效果怎么样?

9. 以前有没有发生过这种情况?

10. 这个部位以前受过伤吗?

11. 可不可以具体描述一下你的不适感?

12. 这种不适对你的工作或休闲生活有什么影响?

13. 还有没有其他你觉得需要告诉我的问题?

图 9.1　用这些初始问题找到客户前来治疗的原因，同时收集相关线索，帮你确定是否要使用软组织放松以及如何使用软组织放松

如你所知，我们之所以要问这么多的问题，之所以要制定一个完整的治疗计划，是因为尽管客户表现出来的可能只是髋部问题，但是，一个身体部位受伤，必然会影响到其他身体部位。客户可能并不知晓旧伤对当前身体还会有影响，因此，可能会忘记提及旧伤，或者认为不值一提，直接略过。比如说，一位因为肩膀疼前来寻求帮助的客户，可能完全不会想到要告诉你最近才恢复的颈部受伤。除非客户了解解剖学知识，否则，客户不会知道颈部肌肉同样会影响到肩膀。

在医院或私人诊室工作的所有领域的治疗师由于长期在严格的时间限制下提问，通常都能够非常娴熟地问这些初始问题。能够快速判断哪些答案值得进一步挖掘，哪些答案比较不重要。通常，我们还能够辨别出正在打交道的这位客户是哪种类型的客户，应该如何处理。比如，对于一名在日常就经常进行高强度训练、由过度训练导致受伤频率较高的客户而言，命令他回去休息几天的话，他的反应肯定会不同于一位刚刚开始训练计划、很愿意接受建议以尽可能避免自己受伤的客户。有时候，你可能在问诊初期就能够确定客户需要转诊，这种情况比较少见。无论你怎样组织问诊流程，在问完初始问题之后，你都应该完全掌握客户前来寻求帮助的原因、问题的性质以及发生问题的身体部位、客户身体状况是否禁忌使用某些放松方式等等，并能够将这些信息形成综合治疗意见。

小贴士　做出精确、简练的总结和陈述本身就是个技术活。如果你想要快速增进自己的这项技能，可以尝试：练习对家庭成员或朋友提问，总结对方的答案。应该选一个身体有一些小小不适，可能需要你帮助治疗的人。提问并计时，看自己需要多长时间才能问完所有问题，能否从对方的答案中提取最主要的问题、发现任何禁忌证，问完后，看看自己能不能帮上忙。再给自己 20 分钟。重新来一次，再将时间缩短至 10 分钟。从你问的那些问题中，能不能找出一个关键问题，可以让你在提问前 5 ~ 7 分钟之内就引出客户的主要问题？

治疗经验

一名身体非常疼的客户前来找我帮他按摩背部。他的遭遇可谓非同寻常：当时他正在参加一项需要骑马沿赛马场疾驰的活动。他想用腿夹住马背，结果被系在腰上的安全带拉下马。他一边讲述一边艰难地站起来，掀起衬衫后襟对我说"你看这里"。我看到在他的脊柱两边各有一块很大的瘀青。显然，这种急性外伤是任何按摩的禁忌。我立即为他安排了转诊。

下面给出可供你选作初始问题的一些问题清单。你不一定要按照这个顺序提问，当然，你也可以修改这个清单。你知道，这些问题都是客户由于某个身体部位发生特定受伤或其他问题前来就诊时的有用问题；不过，如果客户是来做常规按摩保养等其他常规拉伸的话，你可以略过其中的一些问题。运动治疗师、物理治疗师、整背治疗师或整骨矫正师可以从这些问题中挑选一些并进行扩展。这里我们假定客户有可能需要某种形式的按摩，或者还需要软组织放松。

1. 请问有什么需要我帮忙？

开场问题可以有很多，很不幸，实际运用中最常见的开场问题无外乎两个"哪里疼？"和"有什么不舒服吗？"。这两个问题中的任何一个都不建议你使用，即使你非常诚恳，也不要问这两个问题，因为尽管这两个问题确有所指，不是单纯的是非问题，但是他们具有一定的诱导性。首先，客户可能根本没有任何身体疼痛问题；他们的问题可能是身体僵硬或肌张力较高或活动受限。最好是让客户自己描述所面临的身体问题之后，你再用一个同样意思的术语指出问题（牵拉感是吗？当你看地面时有这种被牵拉的感觉吗？）。其次，客户可能完全就不知道他的情况属于身体问题。许多客户只是来做常规的按摩保养身体。比如，跑步运动员会利用按摩手段降低髂胫束出现问题的可能性；有些力量训练人士认为按摩有助于降低训练后肌肉延迟性疼痛的可能性。

为自己选一个开场问题。如果觉得开场问题都太过于俗套，比如"我可以为你做些什么？"或太过直接，比如"你来这里干嘛来了？"可以故意问得含糊一些，比如"安妮说你膝盖不舒服，是吗？"第一个问题并不一定要让客户滔滔不绝地开讲，有时同样可以使你接近问题的核心（"理疗师说我肩膀太僵硬了。她也不太确定，不过她说如果我觉得行的话，可以试试用按摩治疗"）。

2. 你说的不舒服是哪里不舒服？

开放式问题应该有助于确定客户主要的问题以及问题涉及的身体部位，或者客户前来寻求治疗的任何其他原因。如果客户说肌肉有问题，你需要确定是整块肌肉有问题还是肌肉的局部有问题。因此，有些治疗师会单独问："你所说的不舒服具体是哪里不舒服？"此时你可以重述客户的话，比如，你可以问客户"你能不能告诉我哪里疼？"或"你是膝盖前面还是后面疼？"软组织放松技术可以用于特定肌纤维的拉伸。因此，打个比方，知道腘绳肌旧伤是位于股二头肌处是很有用的，因为这样的话，你在后期治疗的时候可以触诊或者集中针对腘绳肌这个部位进行放松治疗。治疗师经常会把这类问题写上"见图"并在身体地图（参见140页，图9.3）上标识出来，或者如果问询表上有空白的话，会绘制一个小型骨架图形。在后续治疗过程中，可以观察最初存在不适的身体位置（如果有的话）是否发生了变化。

3. 什么时候开始的？

这个提问是用来确认问题是长期积累才出现的还是突然出现的。客户描述的是急性情况，也就是说刚刚受到的外伤，比如肌肉拉伤，还是发生在一段时间之前。以小腿肌群为例，昨天受伤和一周之前受伤现在还没好利索，这两种情况的治疗方法是不一样的。受伤发生的时间越近，越不适合使用软组织放松。这个问题也可以挖掘出肌肉劳损的问题。肌肉劳损，比如肌腱变性一般是日积月累才出现的，并且会由于肌腱的反复工作而恶化。客户常常不能精确说出劳损是什么时候开始的，不过，他能提供一个大概的时间范围，这个时间范围可以帮助治疗师决定是否可以实施软组织放松——"就是有一天在我工作的时候发生的，当时我在电脑前工作了大概 4 ~ 5 个小时。"

4. 是什么原因引起的？

客户通常都知道每一次受伤的原因（"我正在跑步，突然感觉腿这里疼得特别厉害，是那种尖利的刺痛感，我就跑不动了"），但是，由于姿势性压力或过劳引起的肌肉酸痛一般是悄悄发作，客户自己也可能说不出准确的恶化原因——"什么也没发生。就在我开车的时候，好好的，突然就疼了。特别拥堵的时候疼得更厉害，因为我得不停换挡。然后我的胳膊和肩膀就开始疼"。

5. 这种感觉有好转，还是更厉害了，或者和最开始时完全一样？

了解病症的特征对于软组织放松运用尤其重要。如果病症在恶化，则指示客户存在过劳现象，需要休息，或者需要转诊。无论是上面哪种情况，都不适合用软组织放松来治疗。此外，如果客户说腘绳肌紧张，而且感觉越来越紧，则意味着应该可以用软组织放松治疗这名客户。

6. 有没有什么动作、姿势会加剧这种不适感？

知道什么因素会恶化病症也有助于治疗师制定治疗方案。使用被影响部位会加剧过度使用性损伤。问这个问题有助于治疗师做出建议客户休息的决定或避免使用损伤部位的治疗建议。

7. 有没有发现怎么做感觉会好一些？

了解什么因素会缓解症状对于治疗师做出正确的治疗意见同样重要。说拉伸可以缓解疼痛、肌张力较高或不适的客户可以用软组织放松。有些治疗师问："有没有发现怎么做可以缓解不适感？"有时候客户会直接说"没有。只有我不骑车时它就不疼了；摸一下感觉也会好一些。"或者发现不好描述，就直接给你做一个动作演示："我如果像这样坐直，疼痛就会消失；有时候我喜欢这样，这样感觉也会好一点。"拉伸或改变姿势通常可以缓解肌肉张力，因此，反应某些动作可以缓解不适感的客户比其他不适症状与软组织没多大关系的客户更适合使用软组织放松。

8. 之前针对这个问题治疗过吗？效果怎么样？

有时候都不用你去问，客户的回答中已经可以告诉你"按摩后感觉能好些"，或者"去看整骨医师也能好一阵子"，或者"上次健身房的那个女健身教练帮我治好过一次"。然后，你可以继续询问：之前的按摩用的是哪种手法？整骨医师具体进行了什么治疗？健身房的那个教练是否用了什么强化或拉伸方法？如果客户说他以前做过按摩，结果情况变得更糟了，那么，你应该也不能再对这名客户做按摩。相反，可以做按摩治疗的客户应该在此前做过软组织放松，并且能够准确告诉你治疗师的具体锁定位置，以及当时病情的好转程度。

9. 以前有没有发生过这种情况？

如果客户反复受到同一个问题的困扰，这可能意味着他或她需要常规治疗，或者表明有一个隐藏的身体问题需要处理。或者客户需要改变训练计划。令人不解的是，有时候客户还反复去做会引起疼痛的活动："我每次在坚硬场地跑步都会得胫骨骨膜炎。""我每次开车超过 4 小没有及时放松，脖子就会疼。"

10. 这个部位以前受过伤吗？

尽管这个问题有时候完全没有必要问，但是有时候这个问题却可以暴露出长期隐藏的身体问题。比如，在已经长了瘢痕组织的旧伤上面又由于近期的伤而长出新的瘢痕组织，导致这部位的软组织肌张力较高，那么可能需要比单层的瘢痕组织，更长时间，更有针对性的软组织放松治疗才能改善肌张力较高的症状。

11. 可不可以具体描述一下你的不适感？

有些治疗师在问诊时较早就抛出这个问题，有时候客户会告诉你说很久以前他就有疼痛、肌张力较高或不适感（只要写字的时候，那里就一直疼）。一定要仔细记录客户的话，不要打断他（我转头的时候，感觉就像什么东西被压扁了一样，就是这里）。这些都是非常有用的信息，不同于客户说的比如"我扭头的时候感觉疼"这种话。你可以继续询问"你现在感觉怎么样？"如果你对客户进行了治疗的话，你可能要跟他或她确认治疗是否有效果。你可以这么问，比如"你现在转头的时候，会感觉有东西被压扁了吗？"有些治疗师喜欢用视觉模拟疼痛量表（VAS）（参见 141 页，图 9.4）判断客户不适感的严重程度。

12. 这种不适对你的工作或业余生活有什么影响?

这个问题可以提供很多线索,使治疗师得以了解如果对客户做了软组织放松,客户想要多快恢复身体,("医生说,只要我的膝盖完全恢复,我就可以回去工作了。")他或她可能承受的压力有多大,("大家都走了,我感觉自己要掉队了,如果我可以参加星期五的比赛,那就太棒了。")或者这个症状有没有限制其运动能力,("我只要做牵拉动作,腘绳肌就很紧。上次就是这样,我不得不停训 2 周。")总之,这个问题可以帮助治疗师了解客户对治疗效果的预期和对治疗结果的反应,以及他曾经有过怎样的治疗经历。

13. 还有没有其他你觉得需要告诉我的问题?

这是关键性的最后一个问题。我们不可能治疗客户所有的身体问题;有时候客户可能只提供一些基本信息,他可能会说:"我只能待 30 分钟,帮我看小孩的人今天病了。"或者提供一些可能对治疗有直接影响,但是没有记录在问卷中的其他情况:"我还想再试试,不过,我上次在另一位医生那里治疗时,站起来的时候感觉有点晕。"

客户对初始问题的回答是非常珍贵的信息,这些回答不仅限于客户对问题的直接回答,还包括客户提到的其他信息。比如,他们的回答可能会告诉你他们对于治疗、医务人员或他们自己的身体有着怎样的体验,同时常常会暴露出更多你需要问的问题,客户回答开放性问题的方式对治疗师也是一种暗示,可以引导治疗师进行后续问询。

客户病历

客户病历显然是非常重要的;它不仅可以可能帮助你找到客户前来寻求身体治疗的问题成因,还可以帮助我们筛选出按摩禁忌。图 9.2 是一个病历实例。记住,软组织放松的禁忌证包括皮肤容易擦伤、皮肤较薄和关节活动度过高等情况。其他可能的按摩或软组织放松禁忌证还包括近期生理创伤、长期使用类固醇、血压太高或太低、静脉曲张、传染性皮肤病、心脏问题、糖尿病、骨质疏松以及肺水肿等。有时候我们可以对有上述禁忌证的客户,在患病部位之外的正常身体组织进行按摩。还有一点要谨记,12 周孕期内是不能做任何按摩的,包括软组织放松也不允许。

评估

身体地图(图 9.3)作用非常大,治疗师可以在提供进一步的治疗服务之

病历

姓名：	电话号码（住宅）：	电话号码（办公室）：
家庭住址：	手机号：	出生日期：

医生姓名 / 电话号码：

地址：

职务：	体重：	身高：
当前用药：	参考来源：	
近期手术或内科疾病：	是否怀孕（女性）：	
循环系统疾病： （心脏病、肺水肿、高 / 低血压、血液循环不良）		
循环系统疾病： （哮喘、支气管炎、枯草热）		
皮肤病： （皮炎、湿疹、过敏、真菌感染）		
肌肉或骨骼疾病： （纤维肌痛、早期骨折）		
神经系统疾病： （坐骨神经痛、癫痫、偏头痛）		
泌尿系统疾病： （膀胱炎、鹅口疮、肾脏疾病）		
免疫系统疾病： （容易感冒、免疫功能低下）		
妇科疾病： （经期前紧张症状、更年期、激素替代治疗、月经不调）		
激素分泌异常： （糖尿病）		
消化系统障碍： （消化不良、便秘、肠易激综合征）		
应激或心理问题： （抑郁、焦虑、无端恐惧症、情绪波动）		

赔偿声明： 我确认，据我所知，我没有隐瞒任何与我的治疗相关的信息，我理解我即将要接受的治疗，并愿意承担全部责任。 我也同意，我已经提供了如表所示的正确信息，同时我知道，如果情况有变，应及时告知治疗师。

客户签名：＿＿＿＿＿＿＿＿＿＿＿＿＿＿＿＿＿＿＿＿＿

治疗师签名：＿＿＿＿＿＿＿＿＿＿＿＿＿＿＿＿ 日期：＿＿＿＿＿＿＿＿＿

图 9.2 每一名客户都应该完整填写病历表，治疗师可以通过病历表全面了解客户信息，特别是关于软组织放松禁忌的信息

前快速参考身体地图，并且可以将治疗效果记录在地图上。身体地图其实是一张简单的人体轮廓图，一般包括正面、背面，有时候还包括侧面轮廓，在身体轮廓上发生不适的部位标记症状。快速扫一眼身体地图就可以看到小腿肌群紧张是沿着肌肉横向或纵向蔓延，还是仅局限在某一个特定部位，比如跟腱部位。有些治疗师会用不同的阴影表示不同的感觉。比如，黑色阴影可能代表疼痛或不断加剧的僵硬感。有时候也可以用身体地图来标记旧伤或禁忌部位（比如运动员的脚）。当需要在身体地图上标记症状信息时，有些治疗师喜欢用带圈编号①，②，③来标记，其中①表示需要治疗的主要部位。经验丰富的治疗师一般都知道身体地图上标记的部位并不一定是你需要处理和治疗的部位，因为症状发生部位并不一定就是出了问题的身体部位。

　　有时候可以边绘制身体地图，边给客户看，让客户确认部位标记位置是否正确。有些治疗师会一边问初始问题一边绘制身体地图，标记问题发生部位和过去受伤或手术部位。如果客户身上有特别多需要治疗的问题或者受伤经历非常复杂的话，这么做尤其有必要。其他一些治疗师更倾向于边触诊边绘制，或者在完成初步按摩治疗，对身体各个部位初步评估之后再绘制。根据客户口述的信息记录下来的病历资料是一种主观评估信息，而从触诊和按摩中发现的问题是客观评估。不论用哪种方式，主观还是客观，只要能够保持诊断一致性即可。

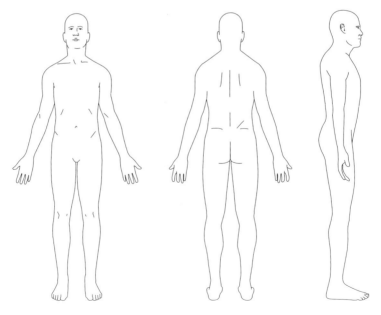

图9.3 用像这样的身体地图记录客户的症状

小贴士　如果你在身体地图上记录了自己的主观发现，我们不建议你一定要在治疗完成后把身体地图给客户看。原因很简单，你可能在这张身体地图上记满了各种信息，包括肌张力较高的身体组织或心脏问题或过度敏感等。看到这样一张密密麻麻标记着身体问题的地图，客户可能会非常不安，回家以后可能会想自己是不是全身都有毛病，而实际上，身体地图上记录的只是你出于多方面的考虑记录的一些细微发现而已。

视觉模拟疼痛量表（图9.4）可以用来记录不适感剧烈程度的主观感受，比如疼痛、僵硬、牵拉感、酸痛等等。评分快捷、简单、高效。在一张纸上简单画一条线即可。在最左端写上"没有疼痛、僵硬或不适感"；在最右端写上"剧烈疼痛、僵硬或不适感"。然后把这条线给客户，让他根据自己感觉到的程度在线上某一点做标记。治疗结束后，可以重新画一条评分线，让客户再做一次评分。如果你的治疗目的是缓解疼痛，那么，治疗结束后，客户在评分线上标记的点应该比治疗前更靠近左端。有时候根据客户的言行，就可以明显看出治疗效果。不过，长期存在的慢性问题在一个疗程之后并不一定就会有效果，应该在完成多个疗程的治疗之后再来评分。

小贴士　评分线上不要有数字。客户会记住上次的数字，并且每个客户可能都有自己偏爱的数字。或者客户觉得他们应该感觉不那么紧了才对，如果他记得上次数字是6的话，这次他可能就会选3，从而干扰了评分结果。如果是在一条没有数字（数字放在背面）的评分线来做评分的话，客户的僵硬感可能确实没那么严重了，但是你会发现，这个时候他往往会标记在线上的数字5或者4处，而不是3上。

视觉模拟疼痛量表还可提供可能涉及软组织放松运用的信息。找到客户身上短而紧的肌肉和长且弱的肌肉。用软组织放松瞄准短而紧张的肌肉，进行拉伸，同时避免拉伸已经太长的肌肉。一般地，胸肌（比如胸大肌）紧，胸椎两侧的肌肉（比如斜方肌中束的肌纤维）就比较长，力量比较弱；腹肌力量弱，则腰椎肌肉（比如竖脊肌）和髋屈肌（比如腰肌）就会比较紧。更多姿势评估信息，请参阅佛罗伦萨·彼得森·肯德尔（Florence Peterson Kendall）编辑出版的《姿势与疼痛的测试与评估》（*Musdes: Testing and Function with Posture and Pain*）。

没有疼痛、
僵硬或不适感

剧烈疼痛、
僵硬或不适感

图9.4　视觉模拟疼痛量表

关节活动度测试和其他特殊测试

如果是用软组织放松来增加关节活动度（ROM），则有必要制作一个图表，指出待治疗身体部位和肌肉的关节活动度。比如，如果客户肩胛肌张力较高或疼痛，需要治疗，那么就可以用盂肱关节的活动度来评估关节的受限程度和衡量治疗的有效性。其他特殊测试包括直腿上抬（腘绳肌长度测量）、托马斯试验（髋屈肌长度测量）、奥伯试验（髂胫束肌张力程度测量）以及比目鱼肌和小腿肌群分化试验。

治疗计划

一旦完成了信息和数据收集工作，接下来就是为客户制定治疗计划的时候了。你可以用图 9.5 所示表格制定计划。以下是对表格中相关术语的解释：

- 主观：这部分记录客户个体主观身体感受，以及客户在治疗期向你反映的各种身体情况；还记录客户对治疗方案的知情同意意见。
- 客观：这里记录你作为治疗师的客观发现。包括身体地图上的观察发现以及姿势评估获得的数据、关节活动度和其他触诊发现。
- 治疗：这里填写你的治疗项目清单以及治疗方式方法。
- 评估：这部分描述对治疗结果的评估结论。如有必要，你可以在这里记下重新测试计划，看看有没有实现自己的治疗目标。
- 计划：可以在这个部分记录你对以下问题的答案，比如：下一步治疗你准备怎么做？什么时候开始下个疗程？有没有什么注意事项需要交代给客户？

案例研究

下面是客户 A 和客户 B 两名客户的评估结果。简单浏览，然后对比相应的治疗方案，能否看出每一位客户的评估结果对选择哪种软组织放松进行治疗的影响？

客户 A

客户 A 的症状表现为：膝关节完全置换手术，出院 2 周后膝关节开始疼痛、僵硬、关节活动度下降。149 ~ 152 页是客户 A 的问诊等各类信息汇总。

治疗计划

客户姓名：   日期：   /   /

主要问题：

注意事项：

治疗目标：

主观

客观

治疗

评估

计划

客户签名：

图 9.5 用一张这样的表格为客户制定治疗计划

客户信息 客户 A 的就诊信息汇总如下：

- 初始问题（参见 149 页，图 9.6）：从这些初始问题答案中攫取关键信息，用来制定治疗计划。比如，当前的身体问题显然已经影响到了客户的日常生活：她无法顺利下楼梯，更不能外出遛狗。除此之外，她应该也不愿意继续做康复训练，因为训练会加剧膝盖疼痛。我们知道她肯定是想尽快恢复：因为她自己对膝盖做了一些按摩和固定治疗。从这些举动中就可以看出她需要帮助，也许比之前康复训练更好的办法就是恢复膝关节的柔韧性，我们还知道她喜欢散步，平常还经常需要遛狗和锻炼身体，这些都是重要的诱因，此前她刚经历膝盖置换手术，表明她对相应的康复流程并不陌生，尽管她因为没能在上次康复训练中尽快恢复而感到失望。

- 病历（参见 150 页，图 9.7）：主要发现她有高血压，且没有治疗过。这一点不难理解，客户手术后需要让身体休养一段时间，活动量下降，体重增加，血压容易升高；特别是手术前活动量较大的客户更容易发生此类反弹。案例中的客户 A 就属于这种情况。因此，这名客户需要尽快恢复正常活动，但是也不能过度运动（运动也会增加血压）。尽管客户没有说感觉自己压力很大，但是她此前的康复都比较快，暗示客户的内心可能已经比较焦虑。压力过大也会使血压升高，这是因为肌张力高会限制毛细血管的血流量。比较好的一点是按摩可以降低血压，因此可以联合使用软组织放松和按摩对她进行治疗。

- 尽管客户 2 年前的膝关节完全置换手术很成功。不过这也意味着她肯定比较了解康复过程，并且知道进行康复训练对于快速康复的重要性（尽管她很不乐意做）。尽管治疗师一般不会要求客户自己做训练，作为一名按摩治疗师，有时候还是应该鼓励客户去执行物理治疗师或其他临床医疗布置的训练计划，这一点对于客户的康复非常重要。在知道客户此前接受过其他医师（理疗师）治疗的情况下，应该征询该医师的意见，获得许可后再进行按摩和软组织放松，这一点非常重要。有时候，拉伸可能会与此前的治疗相排斥。因此如有必要，在开始治疗前最好要获得理疗医师的许可。如你所知，这也是一种职业礼仪。

- 当前用药包括用于缓解膝盖疼痛的止痛药。这也是一条重要信息，因为即使是很小的锁定力，我们也需要客户能够敏锐感受到锁定深度，并且服用止痛药对于任何形式的按摩来说都是禁忌。这也意味着我们需要告诉客户在治疗前不能服用止痛药。这么做同时也意味着客户在疼得不行，需要服用止痛药的时候可以拒绝做治疗。此外没有其他值得关注的信息点，也没有发现其他按摩禁忌。

- 身体地图（参见 151 页，图 9.8）。在双腿膝盖前面各有一条纵向疤痕。根据身体地图和病历信息可以很容易地判断出主要问题出在膝盖上（不过，这并非就是需要治疗的部位），两道疤痕应该是手术留下的刀口。右腿膝盖明显肿起，这应该是除疼痛之外限制关节活动度的另一个因素。

- 视觉模拟疼痛量表（VAS，参见 151 页，图 9.8）。客户主要的问题是疼痛，一条标记为 0 ~ 10 的评分线上，她在对应于等级 7 的部位标记了疼痛程度，其中 10 对应最剧烈的疼痛感。这个疼痛评分结果比较高。意味着治疗师在操作时需要非常小心。尽管我们还不知道膝盖对外界力产生痛感的敏锐度（也就是，疼痛感多久来袭），但是我们知道承受重量肯定会加剧疼痛，因此，治疗师应该让客户躺在治疗床上或者坐下，一旦躺好或坐好后，尽量不要移动，我们至少应该注意这一点。

- 姿势评估：客户看起来有点超重。疤痕提示客户做过膝盖手术。双腿膝盖前面都各有一条纵向疤痕。右腿膝盖前面肿起，身体背面和侧面身体地图显示身体炎症反应比较活跃，可能会对实施治疗有一定的限制。

- 关节活动度和其他特殊测试：分别在客户坐姿、俯卧和躺卧时检测膝关节主动和被动屈曲度。无论哪种屈曲姿势客户都会说很不舒服。屈曲时（包括主动和被动）不适感最强烈。尽管膝盖前面有伤口，客户还是更喜欢俯卧做关节活动度（ROM）测试。这是个有趣的发现，同时也很有指示意味，表明我们可以在客户处于俯卧位的时候替她做腘绳肌软组织放松。

- 触诊：触摸疤痕附近有酸痛感，不过除此之外，周围其他部位没有疼痛感。

客户治疗计划 本书 152 页图 9.9 是客户 A 的治疗计划。主要治疗目的是帮助客户恢复右腿膝关节屈曲和伸展活动度。注意，尽管前面已经提及可以为客户做股四头肌软组织放松，不过鉴于客户近期刚动过手术，建议最好不要做股四头肌软组织放松。因此最终治疗计划确定只对腘绳肌做软组织放松以增加膝关节伸展度。治疗师实施软组织放松时一般可以缓慢增加客户膝关节的屈曲度，同时轻轻晃动客户大腿，分散客户注意力。总体治疗目标是让客户处于坐姿位，膝盖伸展的情况下同时让腿伸直，通过腘绳肌软组织放松增大了俯卧位时的膝关节屈曲度 5°，同时减轻了膝盖后侧的不适感。

　　最初 5 天，客户每天接受一次软组织放松治疗，然后持续 3 周每周接受一次治疗。按摩和软组织放松一般很少安排客户每天都前来治疗，但是这名客户非常急切地想要迅速治疗，快点恢复膝盖活动能力；同时我们采取的治疗方式也比较缓和，持续时间不长，可以增加关节活动度，虽然增加幅度较小，应该说这种情况比较适合作为每天的常规训练。按照这个频率做完 5 个疗程之后，再建议客户减少治疗频率，继续用自我按摩和理疗训练帮助膝盖康复，必要时也可以给膝盖做冷敷。

客户 B

客户 B 是一名跑步爱好者，他发现自己的腘绳肌和小腿肌群越来越紧，因此前来就诊。现在，我们已经看过一个客户的问诊记录了，可以把客户 A 和客户 B 的各种信息进行对比。后面同样提供了客户 B 的治疗计划（参见 153 页，图 9.10）和初始问题发现的信息汇总、医疗问卷和评估。从这些信息和治疗计划中，能看出怎样根据客户信息判断能否使用软组织放松，应该使用哪种类型的软组织放松，以及使用频率应该如何设置。

客户 B 就诊相关信息 客户 B 的就诊信息总结如下：

- 初始问题：该客户在 4 周前开始跑步，之后发现腘绳肌和小腿肌群越来越僵硬。这种僵硬感是慢慢出现的，并且还在不断加剧。跑步或长时间保持坐姿会加剧僵硬感，刚开始的时候，泡个热水澡会好些，不过现在泡热水澡也不管用了。重要的是，客户并没有反映任何地方疼痛。大约在 2 年前，具体的时间客户已经想不起来，在一次踢足球的时候，客户腘绳肌曾经拉伤过。按照书上的办法，客户对腘绳肌进行了一些拉伸，但是结果却使他后背开始疼痛。简单地说，情况大概就是这样，治疗应该集中在下肢。还可以具体弄清楚一下，客户当时做的是哪种拉伸。

- 病历：客户 B 有紧张性头疼（可能与他长时间使用电脑有关）除此之外没有其他明显不适，也没有按摩禁忌。肩膀和脖子的张力应该可以用软组织放松治疗，可以把这一条记录下来，供将来采用；第 1 期治疗暂时还不会涉及脖子和肩膀。

- 身体地图：身体地图上两条腿后面都是阴影区，表示主要的问题在双腿后侧。可以把紧张性头疼作为第 2 个问题，标记在身体地图上。

- 视觉模拟疼痛量表（VAS）：用 4 张视觉模拟疼痛量表测量客户双腿僵硬度（左腿和右腿的腘绳肌和小腿肌群）。测量结果比较有意思，对于左腿腘绳肌和右腿小腿肌群，客户报告的僵硬感更强烈（评分为 5），左腿腘绳肌更僵硬（评分为 6）可能是因为这里之前受过伤，而右腿小腿肌群比左腿更僵硬可能是为了补偿左腿腘绳肌而出现功能下降，更多的身体重心都放在了右腿上。右腿腘绳肌和左腿小腿肌群 VAS 评分都是 4。还有一点值得注意，客户的这种僵硬感沿腿两侧一直向下延伸到了跟腱处。

- 姿势评估：评估发现客户 B 的站姿不是很直，双腿膝盖都有轻度屈曲。评估时还颇费了一番周折，因为客户说站直感觉会不舒服；看来双腿伸直站立增大了腘绳肌的张力。

- 因为客户说他平常工作时要坐一整天，因此也对他的坐姿进行了观察和评估，结果发现客户坐姿时喜欢屈曲膝盖，脚踝搁在椅子底座上，他说这么坐感觉"特舒服"。

- 关节活动度和其他特殊测试：用直腿上抬动作测试了客户腘绳肌的长度。结果为右腿 65°，左腿 70°，测试时客户说感觉两条腿的肌肉马上就变得特别紧张。这也在治疗师预料之中，因为在这一天里客户已经屈曲着膝盖坐了大约 6 个小时。

- 对客户进行站立位的腓肠肌和比目鱼肌分化试验。结果发现两条腿的背屈度都下降，同时右腿比目鱼肌的长度变短。

- 触诊：触诊时没有使用精油。触诊发现双腿腘绳肌和小腿肌群张力都增大。左腿股二头肌处摸到一块很明显的块状组织，可能是瘢痕组织。与客户报告的早期受伤经历相吻合。

客户 B 的治疗计划

根据上述信息为客户 B 制定了治疗计划（参见 153 页，图 9.10）。主要治疗目的是减小客户双腿腘绳肌和小腿肌群的张力感。尽管我们用直腿上抬动作评估了腘绳肌的长度，并且治疗后发现双腿腘绳肌的长度都不成比例地延长，不过增加腘绳肌长度并不是本次治疗的主要目的。用 VAS 评分帮助客户报告肌肉僵硬程度：他的主要目的不是延长腘绳肌，而是缓解肌肉僵硬感——他担心肌肉僵硬会使他不能继续最近制定的跑步计划。

这是一个很好的例子，说明每周进行按摩之外采用主动软组织放松可以有效改善身体问题。对客户 B 的治疗是联合使用软组织放松和按摩的一个成功案例。注意，由于主动软组织放松会削弱肌肉力量，要向客户解释清楚在跑步前一定不能做主动软组织放松的重要性。同样还要提醒他不可以在跑步结束后做深层主动软组织放松：因为跑步时可能有一些软组织受到了可以自愈的微型创伤，用网球进行深层按压会加剧组织微创。作为替代办法，运动后可以对腘绳肌或小腿肌群做一般程度的主动软组织放松。

此后客户每周前来治疗 1 次，共持续 4 周。治疗流程完全一样。双腿的僵硬感都减弱了。此外还鼓励客户在运动后自己做拉伸，也向他提出了一些工作时的坐姿调整建议。尽管治疗后直腿上抬测试结果没有太大变化，不过踝关节背屈度显著加大，意味着小腿肌群的柔韧性得到了改善。

结束语

　　至此，你已经了解了问初始问题的重要性，还学到了各种评估方法，用来帮助你制定治疗计划。两个案例分析提供的是可以用软组织放松进行治疗的两例截然不同的病案。你能不能想到在自己的客户中，有没有谁的情况适合用软组织放松来进行治疗？希望本章知识能让你想到一些可用来评估和帮助客户的好主意，激发你探索出更多评估和治疗方法的兴趣。

小问题

1. 在问初始问题时，不要问客户"哪里疼"而应该问客户什么问题？
2. 如果客户身上不止一个地方需要治疗，你如何一目了然地标识出哪个地方是需要治疗的主要部位？
3. VAS 代表什么？
4. 治疗计划中的主观信息能够告诉你哪方面的信息？
5. 治疗计划中的客观信息能够告诉你哪方面的信息？

初始问题

客户姓名：客户 A	日期：

1. 请问有什么需要我帮忙？
我想减轻疼痛感，希望按摩能帮上忙。

2. 你所说的不舒服是指哪里不舒服？
右腿膝盖疼。

3. 什么时候开始的？
最近做完膝盖置换手术之后，这边疼。

4. 是什么原因导致的？
前面说过了。

5. 这种感觉有好转，还是更厉害了，或者和最开始时完全一样？
慢慢在变好。

6. 有没有什么动作、姿势会加剧这种不适感？
进行物理治疗时，让膝盖做屈曲／伸展动作时不适感会加剧。

7. 有没有发现怎么做感觉会好一些？
不是做物理治疗的时候！为了自我管理，客户服用了止痛药；除了前面伤口部位整个膝盖都做了自我按摩；在无痛范围内做了固定处理。

8. 之前针对这个问题治疗过吗？效果怎么样？
没有，不过 2 年前左腿膝盖也做了置换手术，当时恢复得比这次要快。

9. 以前有没有发生过这种情况？
没有。

10. 这个部位以前受过伤吗？
由于置换手术膝盖患上了严重骨关节炎。

11. 可不可以具体描述一下你的不适感？
膝盖主动和被动活动时会疼（视觉模拟疼痛量表 VAS7 级），特别是屈曲时疼痛感更加明显；僵硬。

12. 这种不适对你的工作或休闲生活有什么影响？
不能遛狗；日常活动都很不方便，包括走路／上下楼梯。

13. 还有没有其他你觉得需要告诉我的问题？
客户反映进行物理治疗的时候，感觉膝盖"火辣辣的疼"；锻炼结束后变成"疼痛"，这种疼痛感会持续数小时。

图 9.6 客户 A 初始问题答案

病历

姓名：客户 A	电话号码（住宅）：	电话号码（办公室）：
家庭住址：	手机号码：	出生日期：1936.05

医生姓名 / 电话号码：

地址：

职务：学校厨师（已退休）	体重：70kg	身高：168cm
当前用药：针对术后疼痛的止痛药	参考来源：无	
近期手术或疾病：右腿膝盖完全置换手术	是否怀孕：	
循环系统疾病： （心脏病、肺水肿、高 / 低血压、血液循环不良）	高血压，未用药	
循环系统疾病： （哮喘、支气管炎、枯草热）	无	
皮肤病： （皮炎、湿疹、过敏、真菌感染）	无	
肌肉或骨骼疾病： （纤维肌痛、早期骨折）	最近手术后右腿膝盖僵硬，肿胀，关节活动度下降	
神经系统疾病： （坐骨神经痛、癫痫、偏头痛）	无	
泌尿系统疾病： （膀胱炎、鹅口疮、肾脏疾病）	无	
免疫系统疾病： （容易感冒、免疫功能低下）	无	
妇科疾病： （经期前紧张症状、更年期、激素替代治疗、月经不调）	无	
激素分泌异常： （糖尿病）	无	
消化系统障碍： （消化不良、便秘、肠易激综合征）	无	
应激或心理问题： （抑郁、焦虑、无端恐惧症、情绪波动）	无	

赔偿声明：我确认，据我所知，我没有隐瞒任何与我的治疗相关的信息，我理解我即将要接受的治疗，并愿意承担全部责任。我也同意，我已经提供了如表所示的正确信息，同时我知道，如果情况有变，应及时告知治疗师。

客户签名：＿＿＿＿＿＿＿＿＿＿＿＿＿＿＿＿＿＿＿＿＿＿

治疗师签名：＿＿＿＿＿＿＿＿＿＿＿＿＿＿＿＿　日期：＿＿＿＿＿＿＿＿＿＿＿＿＿

图 9.7 客户 A 病历

客户 A 评估

视觉模拟疼痛量表（VAS）

身体地图

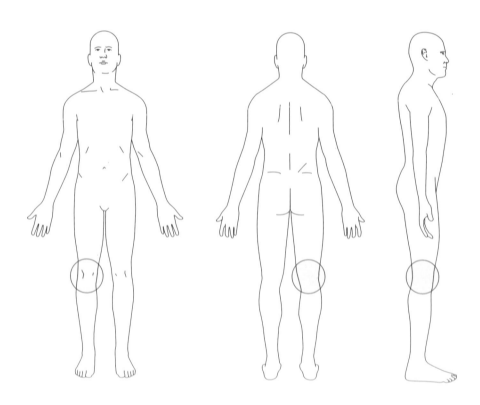

图 9.8 客户 A 的视觉模拟疼痛量表评分与身体地图

治疗计划

客户姓名： 客户 A   日期：　 ／　　　 ／

主要问题：膝盖置换手术后右腿膝盖疼痛、僵硬。
特殊备注：同意理疗师的治疗方案；在完成增大膝关节 ROM 的物理治疗后疼痛加剧。
治疗目标：根据物理治疗师的建议，帮助客户实现膝关节屈曲／伸展，先实现膝关节屈曲。

主观
客户同意治疗计划。
此时膝盖没有疼痛感。
此前疼痛 VAS 评分（参见问诊部分）。

客观
右腿膝盖肿胀。
两只膝盖都有纵向疤痕。
坐姿测试时，膝盖主动和被动屈曲和伸展受限，仰卧和俯卧姿势测试时，膝盖做屈曲动作时局部疼痛最剧烈。
客户难以上治疗床或从治疗床上下来。
俯卧，由于膝盖疼痛屈曲受限，只能屈曲至 80°。

治疗
客户俯卧，被动缓慢屈曲然后伸展客户膝关节。
客户俯卧，隔着衣服对左腿腘绳肌做被动软组织放松约 2 分钟。
客户俯卧，隔着衣服对右腿腘绳肌做被动软组织放松约 4 分钟（最初膝盖前面会不舒服，因此在膝盖下面，靠近伤口上面的地方，垫一个长枕头然后继续放松）。
伸展膝盖时，一边摇晃大腿，一边继续拉伸 4 分钟。每次放松，膝盖屈曲度都被动增加 1°。
建议客户把腿抬高，稍事休息，促进淋巴引流，缓解肿胀。

评估
通过对客户左腿做示范动作，帮助我取得了客户信任。
在膝盖下面放一个长枕头，架起伤口，使其不接触治疗床，这个办法很有效，做软组织放松时摇晃客户大腿，客户感觉很舒服。
膝关节被动屈曲的活动度上升了 5°。
客户发现膝盖屈曲度上升这么多，对自己的恢复速度如此之快表示非常"惊喜"。仰卧姿势做膝盖伸展动作感觉"更加舒服"。

计划
每天做 10 分钟以上的软组织放松。客户用上述姿势休息。客户应每天继续做物理治疗训练。
作为软组织放松的附属治疗手段，尝试对股四头肌做肌肉能量技术。

客户签名：_____

图 9.9 客户 A 的治疗计划，以及客户就诊的主观症状和客观体征，治疗、评估和治疗计划相关信息

治疗计划

客户姓名:　客户 B　　　　　　　　　　　　　　日期:　　/　　　　/

主要问题: 小腿肌群和腘绳肌紧张。
特殊备注: 客户想继续每周 4 次的跑步计划。
治疗目的: 减少腘绳肌和小腿肌群的肌张力。

主观
客户完全同意治疗计划。

客观
双侧被动直腿上抬（SLR）受限（左腿 70°，右腿 65°）。双侧踝背屈受限。
肌肉紧张感 VAS 评分结果（参见问诊信息）。
左侧股二头肌触摸到较小肿块，该肿块无疼痛症状。

治疗
治疗前用软组织放松对双腿后侧进行基础热身按摩，每条腿按摩约 5 分钟。
客户俯卧，双脚伸出床尾，隔着毛巾对左右侧腘绳肌做主动-辅助软组织放松各 5 分钟，对小腿肌群做主动-辅助软组织放松各 5 分钟。此外，对下肢后侧做深层按摩（2 分钟），然后隔着毛巾对小腿两侧做软组织放松 3 分钟。然后小腿两侧再次分别按摩 2 分钟。
客户仰卧，分别按摩左右两侧的股四头肌和胫骨前肌约 10 分钟。
用硬质网球锁定肌肉，向客户展示对腘绳肌和小腿肌群做主动软组织放松的操作步骤。
向客户解释运动前和运动后做主动软组织放松的注意事项和禁忌。
向客户展示运动后对腘绳肌和小腿肌群做主动软组织放松的做法。

评估
治疗后左腿 SLR=75°，右腿 SLR=75°。测试发现主动踝背屈增大。
客户双腿肌张力下降。
总体结果显示初步治疗有效缓解客户腘绳肌和小腿肌群的肌肉紧张。

计划
按照上述方法每周做一次按摩。
客户根据治疗师建议做主动软组织放松和拉伸。
客户在执行跑步计划的同时，考虑对双腿进行下肢整体保养/预防性按摩。

客户签名:　_____

图 9.10　客户 B 的治疗计划，以及客户就诊主观症状和客观体征，治疗、评估和治疗计划相关信息

小问题参考答案

第1章

1. 软组织放松瞄准肌肉中张力较高的部位进行拉伸，而一般拉伸操作针对的是一整块肌肉。
2. 可以用前臂、拳头、肘部或按摩工具锁定。
3. 锁定肌肉时，从肌肉近端开始锁定。
4. 软组织放松应该作为平时的预防性拉伸，不能用作赛前热身，因为软组织放松会暂时减小肌肉力量。
5. 软组织放松可以用于赛后恢复，不过要注意控制锁定的深度，因为赛后身体可能存在微创，而内啡肽水平上升会掩盖微创的痛觉，使人感觉不到微创问题。

第2章

1. 需要轻轻锁定，比如赛前和赛后做软组织放松都需要轻轻锁定，此时可以用手掌来锁定肌肉。
2. 下列几种客户不适合做软组织放松：
- 常规按摩是其禁忌证的客户；
- 皮肤容易擦伤的客户；
- 关节活动度过高的客户。
3. 3种软组织放松分别是被动、主动-辅助和主动软组织放松。
4. 拉伸结束后，不应继续保持锁定；一旦组织被拉伸开，应立刻移开锁定。
5. 衡量软组织放松有效性有以下几种方法：
- 在治疗前和治疗后，要求客户对疼痛感给出反馈；
- 用视觉模拟疼痛量表打分；
- 进行动作测试，比如直腿上抬或俯卧屈膝。

第3章

1. 肌肉处于中立位时，肌肉纤维既没有缩短也没有拉长。
2. 治疗师用被动软组织放松的方法实施拉伸。

3. 是的，拉伸肌肉时，应保持肌肉锁定。

4. 锁定点移至肌肉远端时，客户感受到的拉伸感最强烈。

5. 结合被动软组织放松和精油按摩时，应特别小心，因为对抹了油的皮肤隔着毛巾进行锁定，其产生的锁定作用是极其牢固的。

第 4 章

1. 客户和治疗师共同参与完成主动 - 辅助软组织放松 治疗师负责锁定肌肉，客户负责移动身体并拉伸肌肉。

2. 主动 - 辅助软组织放松用于那些在接受治疗时难以放松身体的客户身上非常有效，还有那些喜欢参与到自己的治疗过程中的客户也很适合用主动 - 辅助软组织放松。

3. 主动 - 辅助软组织放松用在关节固定后的康复训练效果非常好，因为这种软组织放松方式可以增加关节活动度，同时帮助恢复关节周围肌肉的强度。

4. 被动和主动 - 辅助软组织放松的最大不同点在于被动软组织放松中，拉伸的肌肉处于放松状态，而主动 - 辅助软组织放松中，被拉伸的肌肉处于离心收缩状态。

5. 如果治疗师交替使用主动 - 辅助软组织放松和被动软组织放松的话，客户会被你搞糊涂，因为一种是要他被动接受，一种则需要他主动参与。

第 5 章

1. 需要向心收缩待拉伸的肌肉以使肌肉变短。

2. 先收缩肌肉，再对肌肉予以锁定。

3. 第 1 个锁定点放在靠近肌肉起点附近，然后朝远端移动。

4. 如果你的皮肤很容易擦伤最好不要做软组织放松。因为实施软组织放松需要非常用力地锁定肌肉，可能会造成意外擦伤。

5. 第 1 次使用软组织放松时，同一块肌肉做 2-3 次软组织放松拉伸即可。

第 6 章

1. 对菱形肌做被动软组织放松时，为了拉伸菱形肌，肩胛需要延长。因此，在治疗开始时，客户的手臂需要悬垂在治疗床一侧。

2. 为了分散锁定力，可以隔着毛巾或面巾锁定软组织。

3. 主动 - 辅助软组织放松是颈部的一种安全的放松方式，因为拉伸动作是由客户自己来做，客户只会在无痛范围内拉伸自己的脖子。

4. 注意锁骨和肩峰，对菱形肌上束实施主动-辅助软组织放松时应避免按压到锁骨和肩峰等部位。

5. 一旦在客户的脖子处于伸展位锁定了竖脊肌，客户立即屈曲脖子，拉伸竖脊肌。

第7章

1. 被动拉伸腘绳肌时，注意不要在腘窝处锁定腘绳肌。

2. 足底的屈肌非常强壮，被动背屈踝关节和拉伸足底屈肌时需要比较大的力气。用大腿锁定比用手锁定更加安全，不仅锁定力度大还能避免手受伤。

3. 做主动软组织放松时千万不要站在球上，因为这么做非常危险。要始终坐在椅子上进行软组织放松。

4. 拉伸扁平足客户（也就是脚踝外翻的客户）的腓骨肌时，他们的反应一般比其他客户更加强烈。

5. 对髂肌做软组织放松时，客户应该侧卧。

第8章

1. 涉及肘关节伸展动作的运动（比如网球、推肩和打磨）之后对肱三头肌做软组织放松，感觉特别不一样。

2. 为客户肱三头肌做被动软组织放松时，客户俯卧，手臂垂在治疗床一侧。

3. 开始对腕伸肌做主动软组织放松时，应该伸展腕关节。

4. 对腕屈肌做主动-辅助软组织放松时，在肘部附近锁定腕屈肌。

5. 有一些活动，比如打字、驾驶和打高尔夫球需要屈曲手腕和手指，任何从事上述活动的人都可以有效地从手腕屈肌进行软组织放松的治疗中获得非常好的身体活动能力。

第9章

1. 不应该问"你哪里疼"这种问题，而应该问"你感觉怎么样"。

2. 如果客户不止一个身体部位存在问题，简单明了地标识出主要问题部位的办法就是拿一张身体地图，标上①、②、③等，其中①代表最重要或最主要的问题部位。

3. VAS 代表视觉模拟疼痛量表。

4. 治疗计划中的主观信息告诉你客户说了什么，有怎么样的主观感受。

5. 治疗计划中的客观信息记录的是从治疗师专业角度观察到的信息，包括身体地图、姿势评估、ROM 测试、特殊测试以及所有触诊发现的有用信息。

俯卧

被动软组织放松

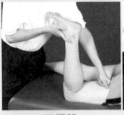  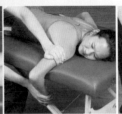 

主动－辅助软组织放松

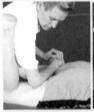  

主动软组织放松

仰卧

被动软组织放松

胸肌
69 页

肱二头肌
118 页

手腕及指伸肌
120 页

手腕及指屈肌
123 页

主动－辅助软组织放松

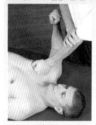
胸肌
71 页

手腕及指伸肌
121 页

手腕及指屈肌
124 页

主动软组织放松

腘绳肌
86 页

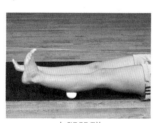
小腿肌群
95 页

侧卧

主动－辅助软组织放松

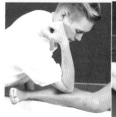
胫骨前肌
104 页

髂肌
110 页

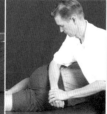
臀肌
108 页

腓骨肌
106 页

坐姿

被动软组织放松

菱形肌
68 页

主动－辅助软组织放松

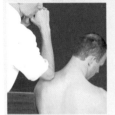

肩胛提肌
72 页

斜方肌上束
74 页

斜角肌
76 页

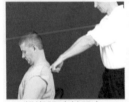

竖脊肌（棘肌）
75 页

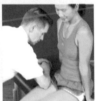

股四头肌
100 页

主动软组织放松

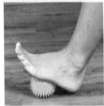

脚掌
98 页

肱三头肌
116 页

肱二头肌
119 页

手腕及指伸肌
122 页

手腕及指屈肌
125 页

凯瑟琳·福克纳 摄

简·约翰逊是英国伦敦一家按摩治疗公司的负责人。作为一名注册物理治疗师和运动按摩治疗师，她在软组织放松（STR）技术方面有多年的运用经验，并且有扎实的解剖学基础，根据她娴熟的解剖学基础知识，约翰逊以通俗易懂的方式阐明了软组织放松的作用与原理。她接触过的客户很多，包括运动员、健身爱好者、办公室工作人员和老年人；丰富的从业经历使她能够根据不同类型的客户采用不同的软组织放松来进行治疗，同时她还将自己在治疗过程中积累的很多小窍门献给读者。约翰逊有多年高级按摩技巧授课经历，同时做过健身教练、按摩治疗师和物理治疗师，经常通过各种学术会议向全世界其他治疗师讲解和展示软组织放松技术。

约翰逊是英国物理治疗师特许治疗协会的正式会员，同时还是健康专业委员会的注册会员。此外，她是物理与自然治疗师协会的顾问和监察员，还是解剖科学研究所的成员。她在工作之余为治疗师撰写专业文章和时事通讯，喜欢带她的狗远行散步，参观博物馆和展览厅，学习人体科学的各种先进知识和前沿理念。

王雄

清华大学运动人体科学硕士，体育教育训练学博士；国家体育总局训练局体能训练中心负责人；国家体育总局备战 2012 伦敦奥运会身体功能训练团队召集人，备战 2016 里约奥运会身体功能训练团队体能训练组组长；曾为游泳、排球、乒乓球、羽毛球、跳水和帆板等十余支国家队提供体能测评和训练指导服务；《身体功能训练动作手册》主编；译有《精准拉伸：疼痛消除和损伤预防的针对性练习》《金牌之路：奥运冠军是如何炼成的》《功能性训练：提升运动表现的动作练习和方案设计》《体育运动中的功能性训练（第 2 版）》《离心训练精要》《50 岁之后的健身管理》《儿童身体素质提升指导与实践（第 2 版）》《女性健身全书》等；在 *Journal of Sports Sciences*、《体育科学》等中外期刊发表文章十余篇；主要研究方向：身体训练（专业体能和大众健身）、健康促进工程、互联网体育等。

韩艺玲

毕业于北京体育大学运动康复系，武术套路国家二级运动员，国家二级裁判，国家武术四段，北京言鼎动作学院高级培训师；曾获福建省武术锦标赛南拳冠军、全国少数民族传统体育运动会柔力球冠军；备战第十三届全运会广东省重竞技项目外聘专家，首都体育学院及徐州空军勤务学院外聘讲师，云南昭通消防支队外聘体能训练师；2013 年起任北京言鼎培训讲师，向国家队、省运动队、军队、军事院校及三甲医院康复科等机构人员授课；获得 FMS/SFMA 高级认证，解剖列车课程认证，Manual Concepts 澳洲脊柱手法认证，DNS 动态神经稳定技术 Level A 和 Level B 认证，VSP 高级体能训练师认证，从布拉格到运动表现提升 Level A 和 Level B 认证，FR 功能幅度释放技术课程认证。

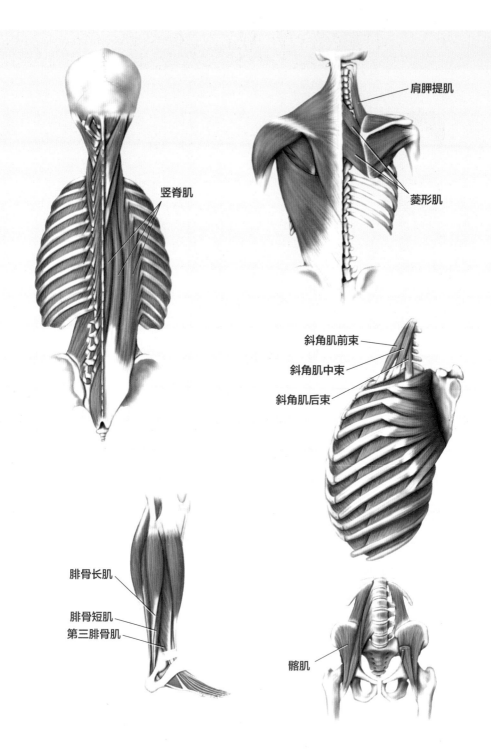

竖脊肌

肩胛提肌

菱形肌

斜角肌前束

斜角肌中束

斜角肌后束

腓骨长肌

腓骨短肌

第三腓骨肌

髂肌